가짜뉴스는 위험해

2021년 3월 24일 1쇄 발행 | 2022년 5월 25일 2쇄 발행
김창룡 글 | 석윤주 그림

펴낸이_ 김기옥 ● **펴낸곳_** 봄나무 ● **아동 본부장_** 박재성
편집_ 한수정 ● **디자인_** 블루 ● **영업_** 김선주, 서지운 ● **제작_** 김형식 ● **지원_** 고광현, 임민진
등록_ 제313-2004-50호(2004년 2월 25일) ● **주소_** 121-839 서울시 마포구 양화로 11길 13(서교동, 강원빌딩 5층)
전화_ 02-325-6694 ● **팩스_** 02-707-0198 ● **이메일_** info@hansmedia.com

도서주문 한즈미디어(주)
주소_ 121-839 서울시 마포구 양화로 11길 13(서교동, 강원빌딩 5층)
전화_ 02-707-0337 ● **팩스_** 02-707-0198

ⓒ 김창룡, 2021

ISBN 979-11-5613-153-3 73070

● 이 책 내용의 일부 또는 전부를 사용하려면 반드시 저작권자와 봄나무 양측의 동의를 얻어야 합니다.
● 책값은 뒤표지에 나와 있습니다.

'정보의 바다'인 인터넷은 오늘날 많은 사람의 생활과 사고방식을 바꾸었어요. 인터넷에서 쓰이는 다양한 미디어는 장점만큼 단점도 많아요. 미디어의 단점은 사람들에게 때때로 큰 피해를 주기도 한답니다.

특히 사람들이 손에서 떼지 못하는 미디어 기기인 스마트폰의 위험성은 점차 커지고 있어요. '많은 정보와 뉴스의 공유'라는 편리함만큼 개인 정보를 쉽게 공개하고 빠르게 퍼트리는 위험한 도구가 되고 있지요.

요즘에는 미디어에서 일어나는 사고를 막고자 국회에서 새로운 법을 만들고 수사 기관에서 강하게 단속하고 있어요. 하지만 진짜 같은 가짜뉴스가 일으키는 사고들을 모두 막을 수는 없어요. 따라서 올바른 미디어 교육은 반드시 필요합니다.

이제 어린이들도 가짜뉴스의 피해자가 되거나 가해자가 되어 버리는 세상에 살고 있어요. 그렇기에 가짜뉴스가 얼마나 위험한지 잘 알아야 하며 이에 따른 올바른 미디어 이용 지식이 꼭 필요해졌어요. 이 책은 이런 배경으로 출간되었습니다. 모두 4장으로 구성한 내용을 짧게 소개하면 이렇습니다.

　1장에는 세상에 있는 수많은 거짓 정보를 다섯 가지 종류로 나누어 살펴보도록 정리했어요. 거짓 정보의 현상을 정확하게 살펴보는 것이 중요하기 때문이에요. 2장에서는 이런 거짓 정보가 언제부터 만들어졌고 누가, 왜 만드는지 살펴보고자 했습니다. 옛날에 있었던 거짓 정보와 오늘날에 있는 거짓 정보, 그리고 그것들이 퍼져 나가는 과정 등을 비교해 봤어요. 3장에서는 사람들이 거짓 정보를 아울러 이르는 가짜뉴스의 정의와 특징 등을 살펴봤어요. 가짜뉴스가 왜 위험한지도 다루었습니다. 4장은 가짜뉴스에 휘둘리지 않는 법에 대해 나름대로 대안을 나누고자 노력했어요. 여기에 진실한 뉴스를 날카롭게 살펴보는 열 가지 원칙, 비판적 사고력의 중요성 등을 따로 정리했습니다.

　어린이들을 위한 책 쓰기는 언제나 어렵습니다. 동영상에 더 익숙한 친구들이 독서를 꺼리는 현실에서는 더욱 그렇습니다. 또 전문 지식을 어린이들의 눈높이에 맞추기 역시 쉽지 않습니다. 그럼에도 제 고향 울릉도에서 방학 때마다 저의 논술 강의를 열심히 들어준 민찬, 중호, 신해, 희수, 주찬, 시온, 서형, 민채, 예원, 영은, 지원 친구들과 같은 초·중학생들과의 경험이 이 책 집필에 큰 도움이 되었음을 말씀드립니다. 그들과 함께하면서 이런 책의 필요성을 더 절실히 깨달았고 귀한 동기 부여가 됐답니다. 앞으로도 재미있고 유익한 어린이 도서 집필을 멈추지 않을 계획입니다.

　마지막으로 이 책을 볼 독자들에게 진심으로 감사의 마음을 전합니다.

2021년 봄　김 창 룡

차례

들어가면서 _004
프롤로그 _008

1 세상에 있는 수많은 거짓 정보

01. 허위형 _014
02. 사칭형 _020
03. 루머형 _026
04. 오보형 _031
05. 풍자형 _036

2 거짓 정보, 언제부터 있었을까?

01. 기상천외한 옛날의 거짓말 _044
02. 거짓 정보는 언제 만들어질까? _059
03. 정보는 어떻게 퍼질까? _065
04. 누가, 왜 만들까? _073

3 이것이 바로 '가짜뉴스'

01. 이것이 가짜뉴스! _082
02. 관심 받는 정보의 특징 _084
03. 가짜뉴스의 특징 _089
04. 가짜뉴스와 오보는 달라! _095
05. 가짜뉴스는 왜 위험할까? _104
06. 거짓이 만드는 사진 _111

4 가짜뉴스에 휘둘리지 않는 법

01. 똑똑한 비판적 사고력 _122
02. 진실한 뉴스를 보는 열 가지 원칙 _130
03. 사진을 보는 지혜로운 눈 _143

에필로그 _148
사진 출처 _152

Fake News ▶

1 세상에 있는 수많은 거짓 정보

1 허위형　　**2** 사칭형　　**3** 루머형　　**4** 오보형　　**5** 풍자형

인기 아이돌과 소속사의 싸움, 그 진실은?

▶ 31쪽에서 확인

01 허위형
거짓이 들어 있는 정보나 뉴스

이야기 01

울릉도 앞바다에 보물선이?

"○○그룹에서 이번에 보물선을 찾으셨다던데 사실입니까?"

"그렇습니다! 저희가 건진 배에는 'DONSKOI(돈스코이)'라고 적혀 있었어요. 오래전부터 찾았던 그 보물선이 맞을 겁니다! 이 배에는 '150조 원' 가치의 보물이 있을지 몰라요."

울릉도 앞바다에서 발견된 오래된 배 한 척. 그리고 수년 전부터 보물을 찾아 나서다 마침내 보물선을 찾아냈다는 그룹 관계자의 놀라운 인터뷰. 그 내용은 인터넷과 언론 등으로 순식간에 퍼졌다. 그렇게 보물선을 향한 사람들의 기대는 커져 가고 있었는데…….

허위형 들여다보기

뉴스의 핵심 따져 보기

뉴스에서 전하는 핵심 내용이 그저 소문인지, 확실한 정보인지 따져 보세요. 이야기의 내용처럼 사실이 일부 있더라도 핵심 내용은 거짓일 수 있어요.

무조건 믿지 말기

사람들은 같은 뉴스를 보고도 "진실이다, 거짓이다."처럼 저마다 자신의 생각과 경험만으로 뉴스를 판단해요. 무조건 믿기보다 비슷한 사례와 믿을 만한 근거를 찾아보세요.

인터뷰에는 러일 전쟁 도중 일본군에게 공격을 받아 울릉도 앞바다에서 가라앉은 배라는 내용이 있었어. 그런데 이 배는 2003년에 다른 건설 기업과 한국해양과학기술원이 이미 찾았던 배였어. 외교와 자금 문제 등으로 바다에서 건져 올리지 않았을 뿐이었지. 배에 보물이 있다는 말도 사실이 아니었어. 부분적인 역사적 사실에 '보물'이라는 소문을 입힌 거짓이었거든.

이야기 02

박사의 논문은 진실이었을까?

세계 최초로 '줄기세포(여러 다른 종류의 세포가 될 수 있는 미분화 세포) 배양(자라기 쉬운 환경을 만들어 세포 등을 기름)'에 성공한 S대학교의 A 박사. 나라에서는 세계적으로 놀라운 결과를 만드는 데 성공하고 이를 논문으로 발표한 A 박사가 연구에 집중하도록 지원했다.

그러던 어느 날.

"A 박사의 줄기세포 논문은 '조작'입니다. 그리고 배양에 성공한 줄기세포는 없습니다."

A 박사와 팀을 이뤘던 B 의학 박사가 논문은 거짓으로 꾸며졌고 배양된 줄기세포가 없다고 밝히는 게 아닌가! 뒤이어 A와 B 박사는 다른 장소에서 기자 회견을 열어 서로 다른 주장을 펼치는데……. 과연 진실은 무엇이었을까?

조사 결과, A 박사의 논문에 있는 줄기세포 배양 과정은 '거짓'으로 꾸며져 있었어. 배양에 성공했다는 줄기세포도 하나도 없었고 말이야. 이처럼 누군가를 속이려고 진실처럼 보이도록 꾸미는 허위형은 정말 위험해.

과학이나 의학과 같은 전문 분야에서 나온 새로운 소식은 보통 사람들이 진실인지 거짓인지 판단하기 쉽지 않아. 따라서 '찾아보고 비교하기'는 아주 중요해. 이 외에 전문가에게도 높은 윤리 의식과 진실한 정보를 알릴 책임 의식이 있어야 하지.

전문 뉴스가 왠지 수상하다면?

선입견(또는 편견)을 벗어나기

믿고 싶지 않거나 믿기 힘든 정보일수록 "진실은 무엇일까?" 하고 고민해야 해요. 스스로 "나도 선입견이 있지는 않을까?"라고 되돌아보는 자세도 중요해요.

찾아보고 비교하기

영국의 〈BBC〉 방송국에서는 고고학이나 문화재 관련 뉴스를 전할 때 전문가 세 명의 의견이 일치하지 않으면 내보내지 않아요. 무언가 분명하지 않을 때 관련 자료들을 더 찾아보고 비교하면 진실에 가깝게 다가갈 수 있어요. 또 다른 전문가에게도 물어보는 자세도 중요해요.

이야기 03

남자는 왜 쫓기고 있었을까?

환자가 나타났으니 만든 김밥은 팔리지도 않겠구나.

어머니의 김밥 가게에서 일을 돕는 이 군. 이 군이 사는 ○○역 주변은 사람들로 넘쳤다. 하지만 얼마 전부터 터진 유행성 감염병으로 역을 다니는 사람이 눈에 띄게 줄었다. 한적한 바깥을 살피던 이 군은 의료 방호복을 입은 사람 두 명이 도망치는 사람을 잡으려고 뛰어가는 모습을 보는데……. 도망치던 사람은 넘어졌다 일어났다를 반복하며 심하게 기침하기도 했다. 드문드문 있던 사람들은 불안해하며 카메라로 이 모습을 찍고 있었다.

"뭐야? 감염병 확진자야? 이제 여기도 난리 났네. 하아."

소동이 벌어진 거리에서 웅성거리다 서둘러 사라지는 사람들. 대체 이곳에서 무슨 일이 벌어진 것일까?

이 소동은 인기 유튜버가 꾸민 '몰래카메라'였어. 광장과 ○○역에서 감염병 확진자가 생긴 것처럼 상황을 꾸며서 촬영한 거야. 이 유튜버는 몰래카메라를 주제로 영상을 올리곤 했어. 운영 팀에서 한 명은 확진자를, 나머지 두 명은 뒤쫓는 역을 맡았지. 이 영상이 유튜브를 통해 빠르게 퍼지자 사람들은 불안해했어. 유튜버와 운영 팀은 경찰의 조사를 받고서야 잘못을 인정했지. 유튜브 채널 운영자는 재미있거나 독특한 영상을 올려서 많은 사람이 보면 돈을 벌 수 있어. 문제는 누구나 쉽게 만들어 올릴 수 있는 영상이 정보가 진실인지 거짓인지와 상관없이 빠르게 퍼진다는 거야.

정보의 창고, 유튜브

유튜브에는 많은 사람이 보게 하려고 영상의 제목이나 내용을 과장하거나 거짓으로 올린 영상이 많아요. 유익한 내용도 있지만 거짓으로 만들어진 내용도 많아서 영상을 볼 때 특별히 주의해야 하지요. 유튜브에서 퍼진 정보는 이 사례에서처럼 작게는 가게에서부터 크게는 그 도시까지 피하는 대상이 될 만큼 사람들에게 큰 영향을 줘요.

02 사칭형
누군가인 척해서 남을 속여 넘기는 정보나 뉴스

이야기 01

국방장관에게 걸려 온 급한 전화의 진실은?

 2018년 여름, 아프리카 니제르에서 IT 기업을 운영하던 회장에게 걸려 온 화상 전화(화면으로 상대의 얼굴을 보면서 통화하는 전화) 한 통. 화면에 비친 집무실에는 프랑스 국기와 EU(유럽연합) 깃발이 보였다. 프랑스 국방장관의 얼굴도 TV에서 보던 그 모습이었다. 국방장관은 회장에게 다급한 목소리로 도움을 요청했다.

 "해적에게 잡힌 프랑스 국민의 몸값으로 200만 달러(약 23억 6400만 원)가 필요합니다. 정부를 대신해 먼저 놈들에게 돈을 보낸다면 중앙은행에서 갚도록 하겠습니다."

 회장은 거짓이라고 생각할 틈도 없이 승낙했다. 이에 국방장관은 일이 잘 마무리되면 정부에서 큰 상이 있을 거라는 말도 잊지 않았다. 통화가 끝나고 빠르게 돈을 보낸 회장. 회장의 이런 노력은 인질의 구출로 이어질 수 있었을까?

ⓒ 게티이미지

오늘날, 감쪽같이 진화한 거짓이 다른 사람이나 기관을 속이는 일이 계속 생기고 있어. 미국의 〈CNN〉 방송국에서 노르웨이 총리를 속인 무리가 잡혔다는 소식을 전하며 앞서 이야기한 프랑스 회장의 사기도 같이 알렸어. 회장의 개인 정보를 손에 넣은 무리는 그의 재산이 얼마나 있는지, 가족이나 친구는 누가 있는지 등을 꼼꼼하게 조사했대. 프랑스 국방장관실도 완벽하게 꾸미고 국방장관의 얼굴도 실리콘으로 완벽하게 만들어 뒀어. 〈CNN〉은 세계 50여 개국의 유명 인사 150여 명을 대상으로 벌인 이 사건을 사람들에게 알렸어. 니제르 대통령, 노르웨이 총리, 벨기에 국왕, 유네스코 사무총장, 수많은 기업인 등이 속아 넘어갔지. 가장 큰 피해를 입은 사람은 4700만 달러(약 556억 2100만 원)를 중국 계좌로 보낸 터키의 자동차 회사 〈카르산〉의 이난 크라치 회장이라고 해. 이 사건으로 드러난 피해 액수는 무려 8000만 유로(약 1025억 원)에 달하지만 단 한 푼도 돌려받지 못했어.

사칭형 들여다보기

사칭형에서는 돈을 목적으로 한 '피싱(Phising)'이 가장 대표적이에요. 피싱은 개인 정보(Private Data)와 낚시(Fishing)가 더해진 말이에요.

개인 정보의 유출

인터넷의 발달로 소중한 개인 정보가 쉽게 드러나고 있어요. 빼낸 개인 정보는 상대를 속이는 수단(SNS나 화상 전화 등)에 쓰이고 있어요.

딥페이크

프랑스 회장을 속인 '딥페이크(Deepfake)' 기술은 정말 위험해요. 얼굴과 목소리를 진짜처럼 꾸며서 사람들의 마음과 감정을 흔들거든요.

이야기 02

그는 정말 검찰청 수사관?

지방에서 고등학교를 졸업하고 서울의 대학교에 입학한 이 양. 멋진 디자이너가 되겠다는 꿈을 키우던 그녀에게 전화가 한 통 걸려 오는데…….

"서울중앙지검 한○○ 수사관입니다. 이○○ 씨 맞습니까? 지금 개인 통장 계좌 번호를 해킹(다른 사람의 컴퓨터 시스템에 허락 없이 들어와 데이터나 프로그램을 망치는 일)당하셨습니다. 예금된 돈을 안심 계좌로 보내셔야 보호해 드릴 수 있어 연락드렸습니다."

이 양은 '서울중앙지검 수사관'이라는 말에 덜컥 겁이 났다. 혹시나 하는 마음에 수사관이 알려 준 번호로 확인했더니 정말 담당 수사관이 아닌가! 서둘러 도움을 받아야겠다는 마음이 앞선 이 양. 받아 놓은 안심 계좌로 부모님이 주신 기숙사 비용과 등록금을 보내는데…….

일주일이 지난 뒤, 은행에 간 이 양은 뜻밖의 사실을 알았어. '수사관'이라는 말에 속아 돈을 사기 단체에 보냈다는 사실을 말이야. 기관이나 단체라고 속여 돈을 빼앗는 '보이스 피싱'은 친구들도 잘 알고 있지? 보이스 피싱은 날이 갈수록 발전하고 있어. 혀를 내두를 만큼 감쪽같이 사람들을 속여 넘기거든. 아무것도 하지 못하고 당한 사람들은 기막힌 피해 사실을 친구들이나 부모님께도 이야기할 수 없다고 해.

알고도 당하는 지능적인 피싱

보이스 피싱은 사람들에게 교묘하게 접근해요. 스마트폰이 널리 쓰이면서 피싱 범죄는 더욱 활발해졌지요. 당하지 않도록 조심해야겠지만 피해를 입었다면 꼭 도움을 요청하는 용기가 필요해요.

최근에 피싱은 사람들에게 어떤 피해를, 얼마나 많이 입혔을까?

발생 건수
단위 : 건 출처 : 경찰청

- 2015: 18549
- 2016: 17040
- 2017: 24259
- 2018: 34132
- 2019: 37667
- 2020(1~8월): 21014

단위 : 년

피해액
단위 : 억 원 출처 : 경찰청

- 2015: 2040
- 2016: 1468
- 2017: 2470
- 2018: 4040
- 2019: 6398
- 2020(1~10월): 5044

단위 : 년

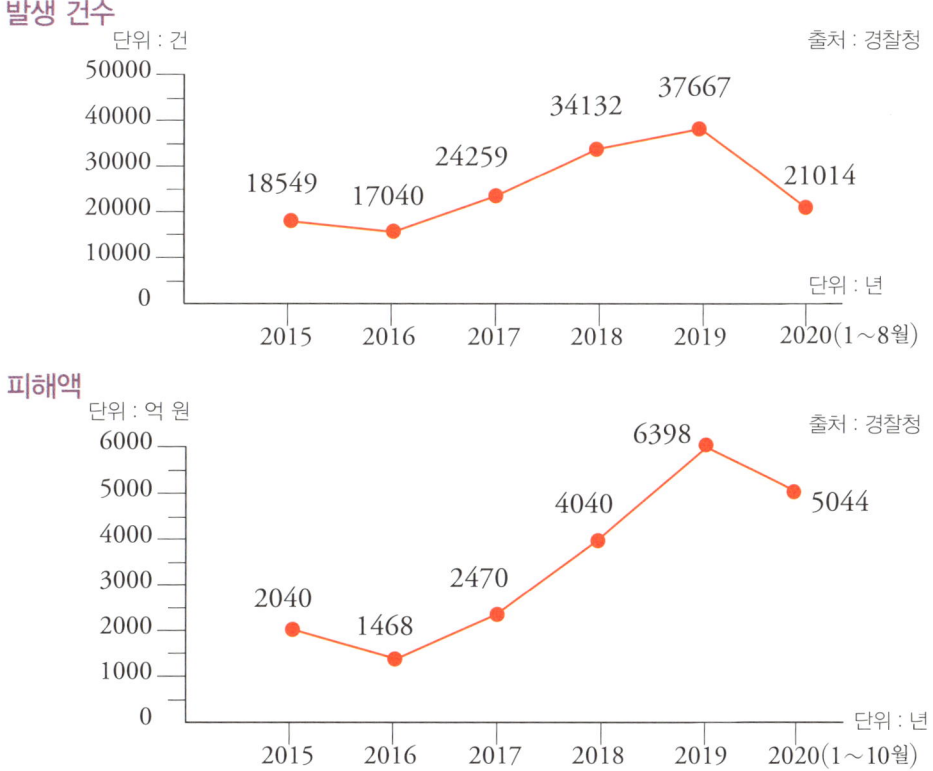

이야기 03

진짜인지 가짜인지 아리송한 이 문자의 정체는?

[010-****-****로 걸려온 전화, 절대로 받지 마세요.

받자마자 25만 원이 빠져 나가는 새로운 사기라 합니다.

주위 분들에게 알려 주세요,

경찰서 **지구대 안 경위가 안내해 준 내용입니다.

이 번호를 폰에 저장해 놓고 받지 않으면 좋을 것 같네요.

모두에게 전해 주세요.]

A 씨는 어머니에게 이런 문자를 한 통 받았다. 어머니는 경찰서 경위가 알려 준 내용이라며 주의하라는 말도 잊지 않았다. 살펴본 문자에는 번호로 오는 연락을 받지 말라는 조언이 있었다. 그런데 이런 조언을 해 주는 문자를 무시하라니? 이게 대체 어떻게 된 일일까?

010-5***-15**으로 걸려온
전화
절대로 받지 마세요.
받자마자 25만 원이
차감되는
새로운 형태의 사기라 합니다.

주위분들에게 알려주세요
**경찰서 **지구대
고** 경위가
안내해준 내용입니다.^^
이 번호를 폰에 저장해놓고
이름란에 받지말자 이렇게
해놓으면
좋을 것 같네요. 모두에게
알려주세요!

실제 장난 문자 사례

속보

신종사기 알려드립니다

전화가 걸려와
여론조사를 한다며

[독도는
　　누가 뭐래도 한국 땅]

맞으면 1번 버튼을,
틀리면 2번 버튼을
눌러 주세요라는
멘트가 나오면

누구든지
무심코 1번버튼을
누르게 됩니다.

그런데..
1번 버튼을 누르는 순간,
25만 원 통화료가
바로 결제돼 버린답니다.

아주 기막힌
신종 사기랍니다.

국민의 애국심을 이용한
못된 사기이니
꼭 조심
하십시요.

참 무섭고 더러운
세상입니다.

복사해서 주위분들께
속히 전달해 주세요.
KBS

A가 받은 문자는 이메일이나 문자 등에 거짓 정보나 괴담 등을 담아 보내는 '혹스(Hoax)'라는 장난 문자야. '못된 장난을 목적으로 하는 거짓말'이란 뜻 그대로 사람들을 불안하게 하지. "XX라는 프로그램 절대 열지 마세요.", "XX라는 제목으로 온 메시지 첨부 파일은 친한 사람한테 오더라도 절대로 열지 마세요." 등의 내용이 많아. 스미싱 문자와 비슷해 보이지만 차이가 있어. 악성 바이러스와 문자를 받은 뒤에도 피해가 없다는 점이야. 이 장난 문자는 받은 사람이 스스로 다른 사람에게 퍼트려서 자연스럽게 퍼진다는 점도 달라. 이런 문자를 받는다면 다른 사람에게 보내지 말고 무시하도록 해.

장난 문자와 스미싱

　　자주 쓰는 문자(SMS)와 피싱(Phishing)이 더해진 스미싱은 거짓으로 꾸민 문자를 보내 사용자 스스로 스마트폰에 있는 개인 정보를 빼내도록 하는 범죄 수단이에요. 흔히 청첩장·이벤트 당첨·데이터 사용 현황 등의 종류로 보내요.

	장난 문자	스미싱
악성 코드 설치	×	○
링크 포함	링크가 없는 위험 경고	악성 링크의 실행과 감염
피해	×	개인 정보나 금전 피해
퍼지는 형태	사용자가 공유해 퍼진다.	공격자의 직접 유포

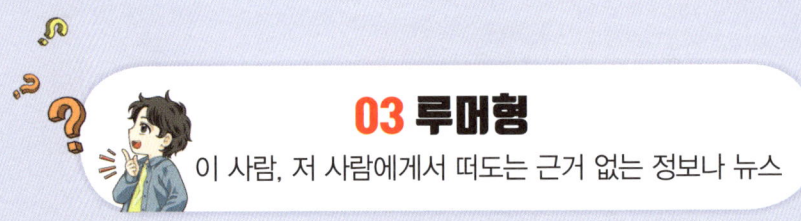

03 루머형
이 사람, 저 사람에게서 떠도는 근거 없는 정보나 뉴스

이야기 01

그 병원에 정말 감염병 환자가?

"□□병원 가지 마세요. 감염병 의심 환자 두 명이 입원 중이라고 합니다."

이 문자가 퍼지자 □□병원으로 문의가 쏟아졌다. □□병원은 사실이 아니라는 안내문도 붙였지만 문의와 항의는 끊이지 않았다. 그때 그 지역의 초등학교 6학년 김 군은 배가 아프다며 고통스러워했다. 상황이 심각해지자 김 군의 부모는 가까운 □□병원에 가야 할지 고민에 빠졌다. 사람들 사이에서 그 병원에 감염병 의심 환자가 있다는 소문이 퍼지고 있었기 때문이었다. 김 군의 어머니는 먼저 □□병원에 전화해서 확인하기로 했다. 그런데 계속 '통화 중'이라는 소리만 나올 뿐 사실을 확인할 수 없는 게 아닌가? 결국 김 군의 어머니는 10여 분 거리의 □□병원을 지나쳐 다른 병원을 찾아야 했는데······.

'충수염'이라는 진단을 받은 김 군은 간신히 맹장 수술을 받았어. 가까운 병원을 놔두고 한 시간이나 다른 병원을 찾아다닌 끝에 말이지. 대체 □□병원에 감염병 의심 환자가 있다는 이야기는 어디에서 나온 것일까? 바로 지역의 주민들이 주고받는 카카오톡의 대화방에서 퍼진 것이었어. '□□병원에 감염병 의심 환자 입원 중'이라고 말이지. 이를 가장 처음 퍼트린 사람은 50대 아주머니였어. 경찰 조사 과정에서 아주머니는 "목욕탕에서 사람들이 하는 말을 우연히 듣고 옮겼을

뿐이에요."라고 말했어. 언론에서 이 이야기는 잘못된 이야기라고 잡아 줬지만 말이야.

사람들이 근거 없이 만든 소문을 '루머(헛소문)'라고 해. 장소를 가리지 않고 두 명만 있어도 퍼질 수 있지. 루머에는 희망을 주거나 불안하게 하거나 누군가를 헐뜯는 종류도 있어.

사람들은 누구나 불안한 상황에서 벗어나고 싶어 해. 또 나쁜 상황에서 하루라도 빨리 벗어나려고 어떤 정보든 나누고 싶어 하지. 그럴 때 루머는 사람들 사이에서 쉽게 퍼질 수 있어.

루머형 들여다보기

스마트폰(Smart Phone) 똑똑하게 쓰기

스마트폰은 정보나 뉴스를 쉽게 확인하고 퍼트릴 수 있어요. 특히 확인되지 않는 소문을 퍼트리는 도구로 잘못 쓴다면 다른 사람에게 큰 피해를 줄 수 있어 위험하답니다. 여러분도 곤란한 상황에 빠질 수 있고요. 잘못 퍼지면 회복하기 힘든 피해를 입으니 특별히 주의해야 해요.

스마트폰에는 학교 폭력이나 왕따와 같은 기록은 지워도 남을 수 있어요. 가해자였던 유명 연예인이나 운동선수의 스마트폰 속 학교 폭력과 왕따 기록이 밝혀져 문제가 생기고 있어요.

이야기 02

소녀는 왜 학교에 가기를 거부했을까?

초등학교 5학년 이 양에게 좋지 않은 일이 있다. 중학교 2학년인 언니가 학교에 가고 싶지 않다며 집에만 있기 때문이다. 학교에 가기를 두려워하던 언니는 같은 학교 친구와 중학교 3학년 선배들에게 괴롭힘을 당하고 있었다. 대체 무슨 일이 있었을까?

언니는 같은 반 친구와 말다툼을 한 적이 있었다. 그리고 말다툼한 언니의 친구는 중학교 3학년 선배를 욕했다며 거짓으로 언니의 좋지 않은 소문을 퍼트렸던 것이다. 이 소문을 듣고 3학년 선배들은 SNS와 스마트폰으로 언니를 괴롭혔다. 입에 담지 못할 욕설. 가만두지 않겠다는 위협. 끊이지 않는 이런 괴롭힘은 그렇게 언니를 향해 있었는데…….

전혀 근거 없는 거짓말로 한 사람을 괴롭히는 일. 누군가를 헐뜯는 대표적인 루머형이야. 이 양의 언니를 괴롭힌 학생들은 SNS와 스마트폰으로 이 양의 언니를 부르고 모두 나가 버리는 '방폭'을 하고 가족을 흉보기도 했대. 친구 사이에 생긴 작은 말다툼이 루머를 만들어 죄 없는 소녀를 괴롭힌 거야. 이 양의 언니는 누구에게도 도와 달라고 하지 못했어. 도와 달라고 말한 뒤 자신에게 찾아올 괴롭힘이 두려웠거든. 또 스마트폰에서 쏟아지는 비난과 욕설 등을 혼자서 감당하기 힘들었을지도 몰라. 이런 옳지 않은 루머는 곧 사이버 왕따로 이어져 다른 친구들에게 큰 고통을 줘.

스마트폰을 가진 초·중학생 비율

초등학생 1~3학년	45.9%
초등학생 4~6학년	77.0%
중학생	95.3%

출처 : 정보통신정책연구원 (KISDI, 2018)

누구든 근거가 없거나 확인되지 않은 정보와 뉴스를 사람들과 퍼트릴 수 있어. 단순히 "어딘가에서 보고 들었다."라는 이유로 인터넷에 올리는 순간 다른 사람에게 큰 피해를 줄 수 있다는 점을 절대 잊지 마. 여러분은 누구나 피해자가 될 수도 있지만 가해자도 될 수 있으니 말이야.

루머에 맞설 때 필요한 용기

좋지 않은 루머로 피해를 입었다면 어떤 때라도 용기를 내서 "힘들다, 괴롭다."라고 말해야 해요. 부끄럽거나 무섭다고 입을 다물면 상대는 모든 것을 빼앗아 갈 수도 있어요. 또 도움이 필요한 친구의 일을 어른들에게 알리는 일도 진정한 우정이에요.

04 오보형
어떠한 사건을 잘못 전하는 정보나 뉴스

이야기 01

인기 아이돌과 소속사 사이에 벌어진 다툼의 진실은?

2020년 봄, 한 방송국의 뉴스에서 유명 아이돌 그룹과 소속사가 다투고 있다는 내용이 전해졌다.

"유명 아이돌 그룹 B가 소속사 B 엔터테인먼트를 상대로 법적 대응(법에 따라 행동을 하는 일)을 검토하고 있다고 확인됐다!"

세계에서 엄청난 인기를 끌며 한국의 이미지와 자존심을 높인 B 그룹. 그들과 소속사의 다툼 소식은 수많은 팬에게 큰 충격을 주었다. 한창 활동하는 인기 그룹과 소속사가 다투다니. 이제 더는 B 그룹을 볼 수 없을지도 모른다는 불안감에 팬들은 크게 흔들렸다. 특히 "……확인됐다!"라는 글은 많은 사람에게 더욱 믿음을 줄 수밖에 없었는데…….

유명 아이돌 B 그룹은 이 뉴스가 사실이 아니라고 밝혔어. B 엔터테인먼트도 "뉴스가 잘못되었다."라고 밝혔지. 뉴스를 전한 해당 방송국은 나중에서야 급한 나머지 소식 전달에 문제가 있었다고 사과했어.

사람들은 방송국에서 전하는 내용을 의심하지 않고 받아들이곤 해. 믿고 보는 방송국 뉴스였을 텐데 왜 이런 일이 생겼을까?

정보를 가지고 뉴스를 전하는 기자들은 합법적으로 조사할 수 있는 경찰이나 검사와는 달라. 물론 기자들도 할 수 있는 만큼 사실을 확인해서 알리지. 이때 뉴스는 부풀려지거나 사실과 달라질 수 있어. 기자는 빠르고 정확하게 사람들에게 소식을 알려야 해서 시간을 다투며 사실 확인도 꼼꼼히 해

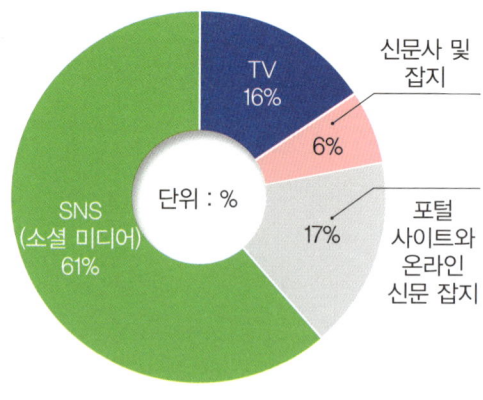

미디어별로 잘못된 뉴스가 나오는 비율

- TV 16%
- 신문사 및 잡지 6%
- 포털 사이트와 온라인 신문 잡지 17%
- SNS (소셜 미디어) 61%

단위 : %

출처 : 한국행정연구원

야 하지. 이 과정에서 의도하지 않은 실수나 정확하지 않은 '오보'가 생기는 거야. 오보는 '언론의 자유'로 보아 처벌하지 않아. 이 뉴스에도 잘못된 정보가 담겼지만 일부러 내용을 꾸민 뒤 소식을 전했다고 판단하지 않아서 주의만 받았어.

정보나 뉴스를 대하는 자세

방송사와 기자 이름이 있는 정보와 뉴스는 일단 신뢰성이 높아요. 이와 달리 SNS를 통해 출처가 분명하지 않은 정보는 의심해야 해요.

사실을 확인하는 데 게으르거나 믿고 싶은 것만 믿거나 정보를 섣불리 판단하여 자신은 다 안다고 생각한다면 잘못된 정보와 뉴스를 퍼트리기 쉬워요. 여러분은 언제 어디서나 쉽게 댓글로 인터넷에서 자유롭게 주장을 펼칠 수 있는 환경에서 살아요. 이런 환경은 누구나 잘못된 내용을 만들어 사람들에게 퍼트릴 수 있는 위험한 환경이라는 뜻이기도 합니다.

이야기 02

축구 선수의 선행에 감춰진 반전?

스페인의 언론사 〈마르카〉에서 놀라운 소식이 담긴 기사 하나를 전했다. 세계적인 축구 선수 C가 빠르게 퍼지고 있는 유행성 감염병을 막으려고 자신의 P 호텔을 병원으로 바꾸어 운영하기로 했다는 것! 병원으로 바꾸는 비용과 의료진 급여, 진료비까지 모두 맡겠다는 통 큰 씀씀이는 사람들에게 관심을 받기 충분했다. 이어서 〈마르카〉는 소식을 전하기 며칠 전 축구 선수 C가 SNS에 쓴 글을 근거로 내보내기도 했다.

"유행성 감염병과 싸우고 있는 모든 감염자와 감염 예방과 치료에 힘쓰고 있는 의료 전문가들에게 응원을 보낸다."

기사 끝에는 "그는 언제나 사회에 많은 관심을 기울여 왔다."라며 축구 선수 C를 향한 아낌없는 칭찬도 있었다. 그런데 다른 방송사 〈TVI〉에서 이 기사가 거짓이라고 전하는 게 아닌가! 이 소식을 취재한 기자는 "왜 사실을 확인하지 않고 기사를 쓰는지 모르겠군."이라며 비판하는데…….

〈마르카〉는 문제를 일으킨 기사를 내렸어. 축구 선수 C는 SNS에 기사와 관련해 어떠한 이야기도 하지 않았고 말이야. 이처럼 기사의 주인공이 "어떤 말도 하지 않았다."라면 사실이 아니라는 뜻이야.

세계적인 스타들의 뉴스는 사람들에게 큰 관심을 끌어. 또 확인해

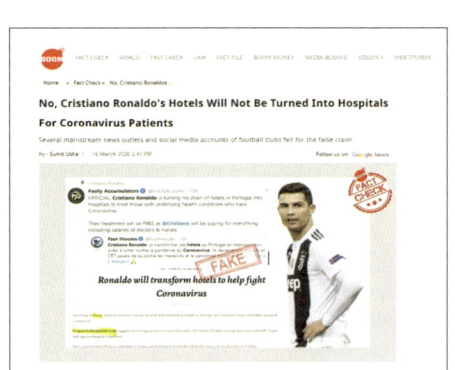

해당 기사의 사실을 체크한 매체

주지 않으면 진실을 알기도 어렵지. 그렇다면 기자는 왜 이런 기사를 내보냈을까? 먼저 기자가 비슷한 소문을 듣고 확인 없이 급하게 기사로 썼을 수 있어. 인터넷이나 SNS에 떠도는 흥미로운 소문을 기사로 내보내면 많은 사람이 볼 수 있거든.

기자는 추측이나 희망 사항을 전하는 사람이 아냐. 철저하게 사실을 바탕으로 소식을 전해야 한다는 점을 반드시 기억해.

유명한 축구 선수 C를 주인공으로 한 이 기사는 많은 사람이 읽었어. 덕분에 그가 좋은 일을 하는 사람이라는 이미지를 사람들에게 심었지. 언론사는 놀랄 만한 소식을 전했고 축구 선수 C는 좋은 이미지를 얻었다는 이익을 봤을 수도 있어. 그렇다면 이 기사로 피해를 입은 사람이 있을까? 다행스럽게도 직접 피해를 입은 사람은 없었어. 다만 언론사의 신뢰도가 떨어진 점과 진실이 상처를 입었다는 점이 어쩌면 피해일지도 몰라.

잘못된 정보나 뉴스가 주는 이익과 손해

이익은 소수, 피해는 다수

거짓 정보나 뉴스로 이익을 얻은 사람들은 이를 만든 사람들 즉 기자와 〈마르카〉 언론사뿐이에요. 이와 달리 피해를 입은 사람은 거짓 정보가 들어간 뉴스를 본 많은 사람이에요. 이를 보고 잘못된 생각이나 판단을 하기 때문이죠.

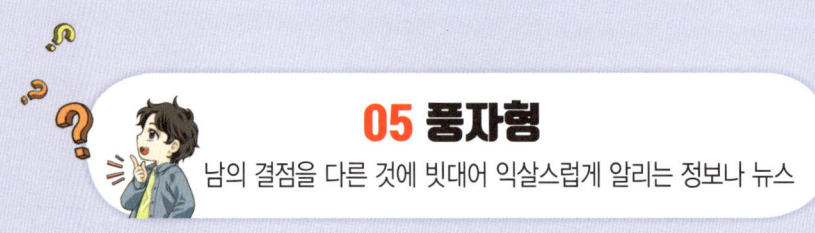

05 풍자형
남의 결점을 다른 것에 빗대어 익살스럽게 알리는 정보나 뉴스

이야기 01

미국 전(前) 대통령이 아프리카에서 출마를?

B 전(前) 미국 대통령은 아프리카 정치를 뒤흔들 깜짝 발표를 한다. 202X년 케냐 대통령 선거에 입후보한다고 밝혔던 것!

"최근 케냐에서 뜨겁게 투쟁하는 케냐인들을 보며 미국 정치가 조금 실망스러웠습니다. 이 나라를 돕기 위해 무언가 해야 한다는 것을 깨달았습니다!"

케냐의 항구 도시 몸바사를 방문한 B 전 대통령은 그의 이름을 크게 외치는 군중에게 뜨거운 환영을 받았다. 몇몇 전문가들은 B 전 미국 대통령이 당선될 가능성이 매우 크다고도 알렸다. 정말 그는 케냐에서 출마하는 것일까?

이 뉴스는 당연히 거짓이야. B 전 대통령이 미국 대통령으로서 2015년에 케냐의 항구 도시 몸바사에 갔던 내용을 바탕으로 쓰였거든. 그렇다면 이 뉴스는 대체 누가 만든 것일까?

캐나다 퀘벡에 본사가 있는 인터넷 뉴스 미디어 〈월드뉴스데일리리포트〉에서 이 뉴스를 꾸며 내보냈어. 이곳은 거짓으로 꾸민 뉴스만을 전문으로 만드는 곳이야. 종교·과학·정치·사회·스포츠 등 여러 분야에서 진짜처럼 만들어진 뉴스를 내보내지.

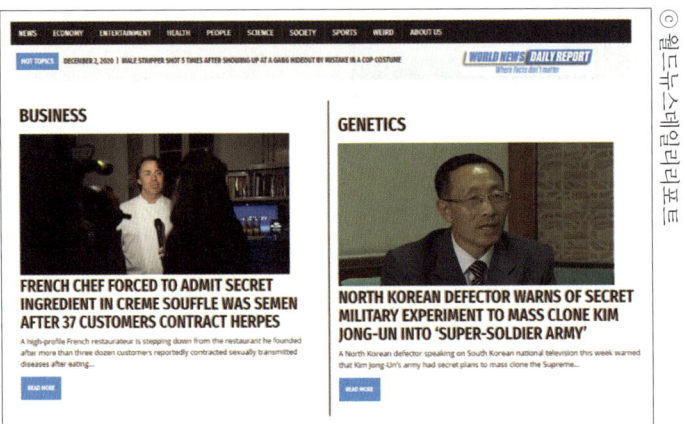

월드뉴스데일리리포트

〈월드뉴스데일리리포트〉의 표어는 '당신이 믿을 수 있는 뉴스!(News You Can Trust!)'라고 해. 이렇게 즐거움을 주려고 뉴스에 '풍자와 거짓'이 있다는 점을 밝혀서 사람들에게 내보내고 있어.

풍자형 들여다보기

'풍자'는 현실의 상황이나 남의 결점을 재치 있게 빗대어 나타내요. 이를 보는 사람들이 우스운 상황에서도 어떤 문제인지 알 수 있도록 말이지요. 풍자 소재를 통해 사회 문제를 더 심각하게 여겨 주기를 바라는 목적도 담고 있어요. 또 사회 문제를 곰곰이 생각해 볼 수도 있고요.

이야기 02

어디서도 본 적 없는 두 대통령의 친밀한 행동?

　미국을 방문한 프랑스의 M 대통령을 두고 미국 언론사에서는 뉴스를 쏟아 냈다. 미국 T 대통령이 그에게 보인 특별한 행동이 눈길을 끌었던 것! 대체 어떤 행동이었을까?
　M 대통령을 반갑게 맞이한 그는 포옹과 악수 외에도 옷깃 위의 비듬 털어 주기와 잦은 스킨십을 하며 대통령 사이에서 보기 힘든 지나치게 친밀한 행동을 보여 줬다. 이를 본 미국의 인기 토크 쇼와 프로그램 진행자들에게서 온갖 칭찬들이 쏟아져 나왔는데…….
　"둘은 영부인 M 여사 이상으로 가까운 관계?"
　"역사적인 순간! 한 나라의 지도자가 다른 나라 지도자의 비듬을 털어 준 것은 처음!"
　"M 대통령은 T 대통령을 다루는 그만의 방법이 있는 것 같다!"
　M 대통령과 T 대통령을 두고 쏟아지는 칭찬 뉴스! 이는 정말 특별한 우정을 보인 두 대통령에게 보내는 칭찬이었을까?

ⓒ 위키피디아

미국에서는 '풍자 뉴스'가 잘 발달해 있어. 지상파와 케이블 TV에서 방송하는 정치·풍자 토크 쇼가 무려 20여 개나 있거든. 대표적인 프로그램으로 〈데일리 쇼〉, 〈라스트위크투나잇〉, 〈더뷰〉 등이 있어. 인기 프로그램은 평균 시청자가 350만 명에 이르는 데다가 사람들에게 미치는 영향력도 강해. 주로 오후 10~12시의 시간에 방송해서 최근 정치 이슈와 유명 정치인을 초대해 인터뷰하는 내용으로 꾸미지. 풍자 뉴스는 유쾌함을 주어 많은 사람이 재미있게 정치에 관심을 갖게 해 줘. 진짜처럼 세심하게 만들어 사람들에게 내용을 전하지만 이는 '풍자'라는 점을 기억해야 해.

버락 오바마 전 대통령이 출연한 〈데일리쇼〉

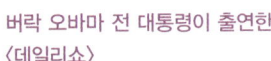

대선 후보를 연기한 유명 영화 배우들

풍자는 얼마나 진실일까?

내용은 모두 거짓

풍자 정보나 뉴스에 나오는 내용은 모두 '거짓'이에요. 실제로 풍자를 바탕으로 기사를 꾸며 내보내는 사이트에서는 기사에 쓰인 인물과 똑같은 실제 인물이 있다면 '우연한 기적'이라고 말하거든요.

진짜 같은 정교함

잘 만들어진 풍자 정보나 뉴스는 때때로 거짓이 드러나지 않아요. 담당 작가 수십 명이 함께 사실을 확인하고 유머를 섞어서 만들기 때문이에요. 하지만 풍자는 진실보다 '재미'를 우선으로 만들어진다는 사실을 기억하세요.

Fake News ▶

2 거짓 정보, 언제부터 있었을까?

1 기상천외한 옛날의 거짓말 2 거짓 정보는 언제 만들어질까? 3 정보는 어떻게 퍼질까? 4 누가, 왜 만들까?

옛날에는 어떤 거짓이 있었을까?

거짓은 아주 먼 옛날부터 있었어요.

그 내용이나 형식은 달랐지만 거짓을 통해 무언가 목적을 이루려는 점은 예나 지금이나 똑같았거든요. 지금부터 동양과 서양을 통틀어 드러난 대표적이고 놀라운 거짓들을 살펴볼 거예요.

이 거짓으로 나라가 망하기도 하고 목숨을 잃은 사람도 있고 일인자가 된 사람도 있어요. 이 이야기들을 보면서 "어떻게 이럴 수 있지?"라고 생각할 수 있겠지만 당시에는 진짜 같은 거짓말이었답니다.

01 기상천외한 옛날의 거짓말

기원전 3000~기원후 500년경

나라를 망하게 한 거짓말

어떤 나라에 웃지 않는 미녀를 사랑하는 왕이 있었다. 왕은 어떻게 하면 미녀를 웃게 할 수 있을지 고민했다. 어느 날, 실수로 봉화(전쟁이 나면 산꼭대기에 불을 피워 적의 침입을 알리는 옛날의 통신 수단)가 피어올랐다. 동맹국의 군사들은 허겁지겁 달려왔다가 맥이 빠져 돌아갔다. 그런데 이를 보고 미녀가 크게 웃음을 터트리는 게 아닌가! 기뻐한 왕은 수시로 봉화에 불을 피웠다. 북쪽에서 정말 적이 쳐들어오며 전쟁이 시작된 어느 날. 동맹국들은 다시는 거짓말에 속지 않겠다며 나타나지 않았는데…….

원나라의 역사책 《십팔사략》에 나온 이야기야. 중국의 주나라 유왕은 포사를 웃게 하려고 봉화를 수시로 피웠어. 이 거짓말의 대가는 사람들의 목숨과 나라의 멸망으로 치러야 했지. 유왕은 중국 역사에서 형편없는 왕으로 남았어.

아들을 죽게 한 거짓말

'이정(李政)'이라는 남자가 수많은 나라를 무너트리고 중국을 최초로 통일한 시황제가 되었다. 죽음을 앞둔 그는 맏아들을 다음 황제로 삼겠다는 유서를 남겼다. 하지만 죽은 황제의 예상처럼 일은 흐르지 않았다. 권력에 눈이 먼 환관이 유서를 거짓으로 꾸미고 말았던 것!

"태자는 불효하니 자결하고 막내아들 호해를 황위에 올린다."

꾸며진 유서는 태자의 목숨을 빼앗는 결과로 이어졌다. 그리고 나라는 환관의 손아귀에 들어가는데…….

중국 최초의 통일 국가 진나라는 세워진 지 15년 만에 망하고 말았어. 이는 환관이 꾸민 거짓 유서가 나라를 약하게 한 결과였지. 이처럼 거짓은 목숨을 앗고 나라를 망하게 할 만큼 그 영향이 강해.

공주를 얻게 한 거짓말

먼 옛날, 아름답다고 소문난 공주가 있었다. 공주에게 반한 한 남자는 캐어 둔 마를 아이들에게 나누어 주며 거짓으로 만든 노래를 부르게 했다.

"공주님은 남몰래 시집가서 서동을 밤이면 안고 간다."

퍼진 노래를 듣고 크게 화난 왕은 공주를 쫓아내고 말았다. 슬픔에 잠겨 궁을 나온 공주. 그녀의 앞에 한 남자가 있었는데…….

"공주님을 기다리고 있었습니다. 저와 함께 가시지요."

이 이야기는 《서동요》로 유명한 백제 무왕과 선화공주가 주인공이야. 왕이 되기 전의 무왕은 숲에서 마를 캐며 살았어. 그는 신분이 높고 아름다운 데다가 다른 나라의 왕족인 선화공주와 결혼하고 싶어서 《서동요》를 만들어 퍼트렸지. 《서동요》는 우리 역사에서 거짓 정보의 오랜 역사를 보여 주고 있어.

소년을 황제로 만들어 준 거짓말

고대 로마 시대, 호화로운 궁에 살던 18세 소년은 양아버지의 뒤를 이어 일인자가 되고 싶었다. 똑똑하고 주어진 환경을 잘 이용할 줄 알던 소년은 경쟁자와 관련한 소문을 나쁘게 꾸며 퍼트리기로 했다.

"이집트 미녀에게 빠진 장군이 나라를 위험하게 할 거라더군. 큰일이야."

소문이 눈덩이처럼 불어나자 기회를 엿보던 소년. '자신만이 위태로운 로마를 구할 진짜 수호자'라며 사람들의 마음을 사로잡아 제국의 '황제'가 되는데…….

이 이야기의 주인공은 '아우구스투스'로도 잘 알려진 로마의 황제 옥타비아누스야. 그가 퍼트린 거짓 소문은 그 당시 누구도 막을 수 없었어. 경쟁자인 안토니우스를 밀어내는 데 성공했거든.

500~1500년경

어린이들을 전쟁터로 보낸 거짓말

1212년 부활절 무렵. 프랑스와 독일에서 신앙심에 불타 외치는 사람들이 있었다.

"여러분! 꿈에 주님께서 어린이 십자군을 만들어 예루살렘으로 나아가라고 하셨습니다!"

이 외침에 독일에서 어린이가 약 20000여 명, 프랑스에서 약 30000여 명이 모여들었다. 그렇게 모인 아이들은 순수한 신앙만을 가지고 예루살렘을 향해 떠나는데…….

11~13세기 동안 일어난 십자군 전쟁은 이슬람교에게 빼앗긴 성지(종교에서 귀히 받드는 장소) 예루살렘을 찾아오려고 기독교를 믿는 나라가 일으킨 전쟁이었어. 이때 프랑스와 독일에서 수많은 어린이와 청소년이 저 말을 철석같이 믿고 구름처럼 모였어. '어린이 십자군 원정대'로 불린 이들은 노예로 팔리거나 병으로 죽고 말았지.

끔찍한 병이 만든 거짓말

평화로웠던 유럽 대륙에 무서운 병이 퍼졌다. 어떻게 퍼지는지, 약이 무엇인지도 알 수 없었다. 처음에는 따끔거리다가 열이 나고 오한이 났다가 온몸이 검게 바뀌는 원인 모를 병은 사람들을 두려움에 떨게 했다. 이렇게 불안해하는 사람들 사이에서 마녀들이 나라를 무너트리려고 마법과 독약으로 병을 일으켰다는 소문이 퍼지고 있었다. 그리고 죄 없는 여인들을 마녀로 몰아 죽이는 끔찍한 일이 벌어졌는데…….

유럽을 휩쓴 이 흑사병은 오랜 기간 이어졌어. 프랑스의 세균학자 알렉상드르 예르생이 쥐와 벼룩이 흑사병의 원인이라고 밝혀낼 때까지 공포의 대상이었지. 원인을 모르는 재앙과 사람들의 두려움은 근거 없는 소문을 퍼트려 비극을 일으키기도 해.

거짓말을 믿고 왕을 꿈꿨던 이

오랑캐의 침입에 나라 안팎이 시끄럽던 시절, 수상한 소문이 곳곳에 떠돌았다.

"자네, 십팔자(十八子)의 이름을 가진 사람이 왕이 된다는 말 들었나?"

십(十)과 팔(八)과 자(子)를 더하면 이(李)가 된다. 즉 이씨(李氏) 성인 사람이 왕이 된다는 이야기였다. 십팔자의 이름을 가진 사람이 왕이 되면 나라가 강해진다는 소문도 함께 퍼져 나갔다. 이에 한 신하는 왕이 되려는 욕심을 품은 채 반란을 일으키는데…….

고려 시대에 난을 일으킨 '이자겸'은 소문에 홀려 왕이 되고 싶다는 헛된 꿈을 꾸었어. 물론 그가 일으킨 반란은 실패했지. 거짓된 소문은 빠르게 퍼지기 마련이고 옳지 못한 목적으로 쓰이기도 해.

나라를 바꾼 거짓말

어떤 나라의 장군이 명령 없이 군사를 돌리고 있었다. 장군을 따르던 무리는 무너져 가는 나라를 새로 세우고자 다음과 같은 노래를 퍼트리기도 했다.

"목자득국(木子得國)."

목(木) 아래 자(子)를 두면 이(李)가 되니, 이씨가 나라를 얻는다는 뜻이었다. 이 노래는 곧 나라를 뒤흔들었다. 그리고 왕이 된 장군은 새 나라 조선을 세우는데…….

고려 말, 조선이 세워지기 전에 사람들은 이 소문에 쉽게 휘둘렸어. 소문은 어수선한 나라에 살던 사람들의 불안한 마음에 파고들어 나라 분위기도 뒤흔들었지. 그리고 나라를 바꾸는 데 큰 몫을 한 거야.

1500~1945년

거짓말이 만든 최초의 누명

1894년 12월 22일, 프랑스 군사 법정은 D 대위에게 무기 징역(기간 없이 평생 감옥에 가두는 벌)을 선고했다. 이 선고가 나온 데에는 빼돌려진 나라의 비밀 서류의 글자와 D 대위의 글씨가 조금 닮았다는 이유에서였다. 프랑스 군부는 나중에서야 밝혀진 진짜 범인에게는 무죄를 선고했다. 이때 프랑스 여론은 D 대위의 유죄 여부를 두고 둘로 나뉘고 말았다.

많은 사람이 D 대위는 유죄라고 믿고 있을 때. 한 소설가는 세상의 비난에도 굽히지 않고 이 재판이 잘못되었다며 비판하는 글을 올리는데…….

드레퓌스 대위를 죄인으로 몰았던 프랑스 정부가 '진실 밝히기'를 꺼린 유명한 '드레퓌스 사건'이야. 일부 언론과 세계적인 소설가 에밀 졸라가 《나는 고발한다》를 올리면서 사회는 크게 혼란스러워했지. 물론 드레퓌스 대위는 오랜 시간이 지나서야 무죄가 되었고 말이야.

속고 속이는 정보 전쟁의 승자는?

1870년 7월 14일, 혁명 기념일에 프랑스 국민은 흥분하여 거리로 뛰쳐나왔다. 그 이유는 아래와 같았다.

"프로이센(독일)의 프랑스 대사 벵상 백작이 엠스에 머물던 빌헬름 1세에게 모욕을 당했다." 이웃 나라 프로이센과 감정이 좋지 않았던 데다가 자기 나라의 대사를 모욕했다는 소식에 국민은 참을 수 없었던 것이다! 얼마 뒤, 프로이센과 전쟁을 치른 프랑스. 착실히 전쟁을 준비해 온 프로이센 군대에게 크게 지고 항복하고야 마는데······.

'엠스 전보 사건'은 세계사에서 손꼽히는 거짓 정보 사건이야. 프로이센의 비스마르크 재상은 원래 전보 내용을 "요구가 있었던 프랑스 대사의 만남을 빌헬름 1세가 거절했다."라고 바꿨어. 그런데 프랑스 신문이 번역을 잘못해 프랑스 대사가 모욕을 당했다고 기사가 나갔지. 준비 없이 흥분만 한 프랑스의 패배는 당연했어.

방심을 부른 거짓말

세계 2차 대전이 한창이던 때. 영국과 독일 지도자들은 만남을 앞두고 있었다. 이때 독일 언론에서는 "이제 더 이상 끔찍한 전쟁은 없을 것!"이라는 평화적인 소식들을 연이어 내보냈다. 이어 만남의 자리에서 독일 지도자는 앞으로 전쟁은 없다며 영국 지도자를 안심시키듯 장담하는 게 아닌가. 방심한 영국이 경계를 풀고 있을 때. 언론을 통제한 독일은 영국 몰래 전쟁을 준비하고 있었는데…….

예상하지 못한 전쟁으로 순식간에 불바다가 된 영국에서는 수많은 사람이 죽었어. 히틀러에게 속은 챔버레인 총리는 '국가와 국민의 희생'이라는 큰 대가를 치렀지. 총리에서 물러난 그는 최악의 3대 영국 총리 가운데 한 명으로 뽑히기도 했어.

거짓말이 일으킨 비극

1923년 9월 1일, 거센 바람과 함께 강한 힘이 일본 땅을 뒤흔들었다. 건물과 집이 무너지고 땅 밑으로 꺼진 도로와 부서진 다리로 도시는 엉망이었다. 거리는 불까지 나며 우왕좌왕 피하는 사람들로 지옥이 되어 가고 있었다.

"감옥을 빠져나간 죄수들이 난리를 일으켰다며?"

"그뿐인 줄 알아? 조선인들이 우물에 독을 풀어 넣었다더군!"

이 소문은 사람들을 불안하게 했고 죄 없는 사람들을 잔인하게 죽이는 비극으로 이어졌는데…….

"조선인들이 폭동을 일으키고 있다."라는 거짓을 일본 내무성에서 퍼트려 생긴 관동 대지진 학살 사건이야. 이렇게 재난이 터졌을 때는 불안한 분위기에서 거짓 정보가 더욱 들끓었어.

금강산댐 200억 톤 저수!

안보에 중대 위협!

12시간 내 서울 물바다!

1945년~

온 국민을 속인 나라의 거짓말

"북쪽의 금강산댐이 터지면 한강 홍수 때의 열 배인 물이 둑을 넘고 맙니다. 넘친 물에 국회의사당이 잠기고 63빌딩의 허리까지 잠길지도 몰라요!"

10월의 어느 날, TV에서는 무시무시한 글과 장면이 쏟아져 나왔다. 물론 보여 준 장면들은 물이 넘쳤을 때 벌어질 일을 가정해서 만든 장면들이었다. 신문도 이를 거들며 위험성을 널리 알렸다. 불안에 떨던 기업들은 앞장서 돈을 풀었다. 국민들도 어른부터 아이까지 신문사와 방송사에 앞다투어 돈을 모금했다. 그렇게 모인 돈은 무려 700억 원이 넘었는데…….

나라를 들썩이게 한 '평화의 댐'은 온 국민을 속인 엄청난 사건이야. 이 댐은 1987년부터 공사를 시작해 2005년에 지어졌어. 세월이 지나 1993년에 이 사건을 조사했더니 놀라운 사실이 숨어 있지 않겠어? 금강산댐의 저수량은 우리나라를 공격할 만큼이 아니었거든. 이 사건은 나라가 거짓 정보를 크게 부풀려 국민에게 내보낸 대표적인 거짓말이었지.

'페이크 뉴스' 탄생!

2016년 어느 날, 미국 대선에서 대통령 후보자를 두고 여러 이야기가 인터넷을 떠돌아 다녔다.
"교황이 T 후보를 지지한다!"
"H 후보가 테러 단체에 무기를 판매한 것이 드러났다!"
사람들에게 퍼지던 이 정보들은 H 후보보다 T 후보에게 더 유리한 내용이 대부분이었다. 진실을 알 수 없는 정보들이 쏟아진 이후 대선에서 당선된 이는 T 후보. 언론은 특정 SNS를 가리키며 쏟아진 거짓 정보들이 그를 대선에서 승리하게 했다는 기사를 내보내는데…….

당시 미국에서는 네 명 중 한 명이 믿을 만큼 거짓 정보의 힘이 엄청났어. 페이스북 CEO 마크 저커버그는 "페이스북에서 '페이크 뉴스(Fake News)'가 선거 결과에 영향을 미쳤다고 주장하지만 이는 전혀 사실이 아니다."라고 말했어. 가짜뉴스를 뜻하는 '페이크 뉴스(Fake News)'는 이렇게 시작되어 퍼졌지. 오늘날의 거짓 정보는 주로 페이스북·트위터·유튜브 등의 SNS와 인터넷에서 나타나고 있어.

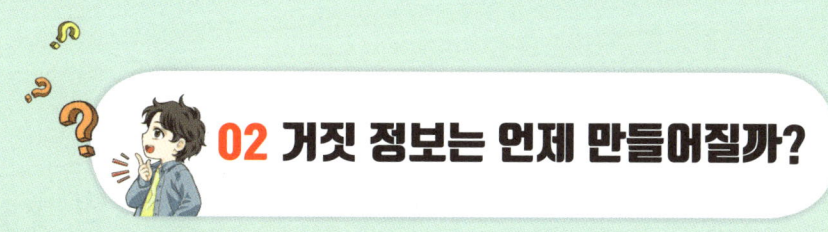

02 거짓 정보는 언제 만들어질까?

거짓 정보는 '필요해지면' 어디에서인가 만들어져 나와. 그렇다면 이런 정보가 나오는 때는 언제일까? 크게 '선거철·재난·위기 상황·강제 정권 교체' 때로 정리해 볼 수 있어.

선거철에는 왜?

어느 나라나 선거 후보자는 표를 얻으려고 자신에게 유리한 내용을 사람들에게 알리려고 해. 자신의 좋은 이미지를 사람들에게 알리면 그만큼 많은 표를 얻을 수 있기 때문이야. 이때 후보자와 관련한 정보가 부풀려지거나 그릇되게 전해지면 큰 문제가 생기겠지?

미국의 선거철에 마케도니아에 있는 작은 도시 벨레스(Veles)에서 수상한 뉴스가 쏟아져 나왔어. 거짓으로 만든 뉴스 사이트가 이곳에서 100개 이상이나 운영되고 있었거든. 정보를 퍼트린 사람들은 10대 후반의 청소년들이었어.

선거철에는 거짓 정보가 담긴 뉴스를 볼 수 있어. 이를 강력하게 단속하는 '선거법'을 피해 사람들에게 계속 퍼지고 있지. 선거와 관련한 거짓 정보를 퍼트리는 이들은 다른 후보자에게 불리한 뉴스는 근거 없이 비판하거나 비난하는 댓글을 달곤 해. 반대로 지지하는 후보자에게는 유리하고 좋은 댓글을 달지. 여론에 끼어들어 선거에 영향을 주기 위해서야.

거짓 정보는 '특별한 시기와 때'를 가리지 않아. 주로 선거철처럼 정확한 정보로 무언가를 살펴볼 때 나타나곤 해. 후보자가 내세운 공약을 보고 투표해야 하는데 거짓 정보는 지지 후보나 정당을 위해 국민의 의견이 중심인 여론을 만드는 거야. 약간의 사실과 거짓을 섞거나 제목을 아예 거짓으로 지어 올리기도 해.

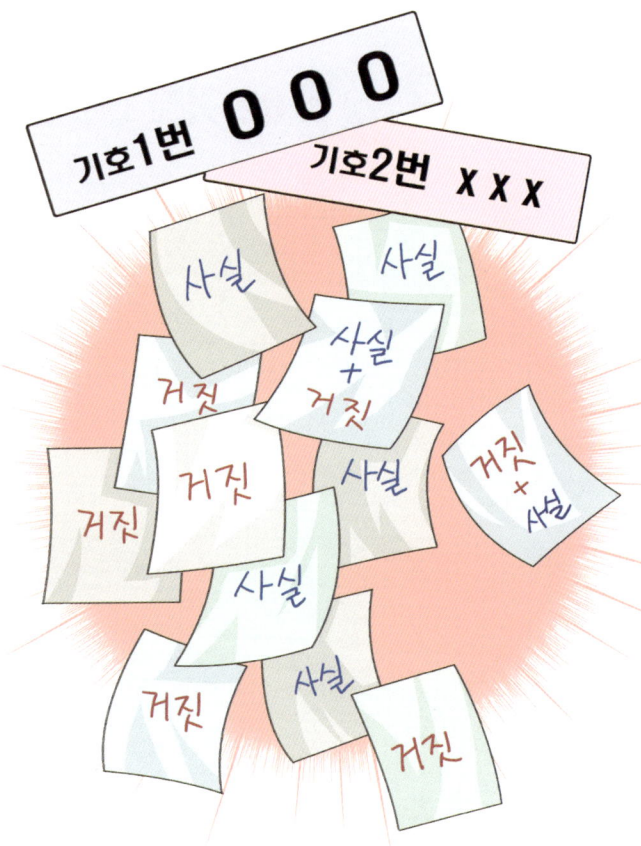

재난이 터졌을 때는 왜?

2017년, 우리나라 경상북도에서 규모 5.4의 강한 지진이 일어나는 바람에 대학수학능력시험이 미뤄진 적이 있었어. 이때도 사람들의 불안을 틈타 만들어진 정보가 쏟아졌어. 어떤 내용인지 소개할게.

'어김없이 목격된 지진운(地震雲)'이라는 기사가 인터넷을 뜨겁게 달군 적이 있었어. 얇고 긴 구름이 밭고랑 모양으로 층층이 뜬 모습이 지진이 생기기 전 나타나는 현상이라는 내용이었지. 그런데 이 기사보다 더 먼저, 한 누리꾼이 지진이 나기 전 사진을 찍은 뒤 '지진운 아닌가?'라고 쓴 글이 올라왔어. 이틀 뒤 정말 지진이 나자 지진 예언이라며 들썩였던 거야. 전문가들은 구름과 지진 발생은 관계가 없다고 잘라 말했지만 소용없었어.

사람들은 불안한 상황을 벗어나려고 여기저기에서 정보를 모아. 정보나 뉴스

강풍을 예언하는 현상?

화재를 경고하는 이상 징조 대공개!

지진운이 지진을 알린다!

61

처럼 무언가를 보고 들으면 더 불안해지지 않을 거라고 여겨. 또 불안한 상황을 더 빨리 벗어날 방법을 찾을 수 있다고 생각해.

위기에 빠지면 왜?

재치 있는 말솜씨로 사랑받은 연예인이 있었어. 그는 해외에서 도박으로 문제를 일으켜 기사에 자주 나왔지. 사람들은 그의 좋지 못한 행동을 비난했어. 그 와중에 그가 심하게 병을 앓아 돌아오지 못하고 있다는 기사가 나왔어. 입원까지 했다는 소식에 사람들은 그를 불쌍히 여겼지. 시간이 지나고 입원했다는 기사가 거짓이라는 진실이 뒤늦게 밝혀졌어. 속았다고 생각한 팬들은 크게 분노하며 완전히 돌아서 버렸어. 그 뒤로 그는 아직도 연예계에 돌아오지 못하고 있어.

사람들은 위기에 빠지면 누구나 빠져나올 방법을 생각해. 이야기 속 연예인은 거짓으로 꾸민 정보로 동정심을 일으켜서 닥친 위기를 피하고 싶었던 거야. 떨어질 자신의 인기가 두려워서 말이지. 거짓은 눈앞의 위기를 잠깐 벗어날 수 있게 해 주지만 완벽한 해결책은 아니야.

정권이 강제로 바뀔 때는 왜?

군인이나 특정한 집단이 나라의 권력을 강제로 빼앗을 때도 거짓 정보로 꾸

며진 뉴스가 쏟아져. 이들은 방송국에서 "안심하라."는 메시지를 국민에게 내보내. 여기에는 힘으로 권력을 앗은 자신들의 행동이 옳다고 알리려는 목적이 숨어 있어.

우리나라의 군사 독재 정권 때도 이런 일이 있었어. 모든 방송과 신문을 손아귀에 넣은 최고 권력자를 다음처럼 띄워 주었거든.

> "보안사 위로 파티, ○○○ 각하 생신 비디오, 하늘이 내린 대통령."

이에 그치지 않고 '영웅 중의 영웅, 사나이 중의 사나이, 육사의 혼이 빚어낸 인물' 등의 내용을 끊임없이 국민에게 전하기 바빴어.

힘으로 권력을 가져온 나라에는 진실하지 않은 정보와 뉴스가 꼭 함께해. 정당하지 않게 국민에게서 권력을 빼앗았으니 언론으로 일일이 거짓과 과장을 섞어 자신들의 행동이 옳다고 알려야 했던 거야.

03 정보는 어떻게 퍼질까?

옛날 옛날, 소문이 있었습니다

사람에게는 다른 사람이나 이웃 나라를 알고 싶어 하는 호기심이 있어. 교통이 발달하지 못한 아주 먼 옛날에는 서로 정보를 주고받는 데 어려움이 많았지. 그렇다면 정보는 어떻게 전해졌을까?

약 2000여 년 전에 정보를 전해 주는 미디어가 나타났어. 거슬러 올라가면 기원전 59년 로마 제국을 시작으로 볼 수 있지. 소문은 입에서 나오는 말을 통해 당사자나 아주 적은 수의 사람에게 정보로 전해졌어. 거리가 먼 곳에 있는 마을과 나라일수록 정보는 더 얻기 힘들었어. 상인들이나 여행객들이 전하는 정보에 대부분 의지했어. 이렇다 보니 정보는 부풀려지거나 잘못될 수밖에 없겠지? 소문은 정보가 알려지지 않을 때 자연스럽게 생겼어. 알고 싶은 사람들에게 정보가 들어가지 못하니 어렴풋이 미루어 생각하는 소문이 생긴 거야.

이후 문자가 나타나 기록이 자리 잡으면서 정보는 정확해졌어. 그리고 고대 로마 시대에 신문 〈악타듀르나〉가 나타난 거야. 물론 왕실이나 귀족에게만 전해지는

악타듀르나

정보였지. 지배 계급이 모든 정보를 쥐었던 셈이야.

중세 시대에 들어서면서 놀라운 변화가 생겼어. 정보를 전하는 미디어가 본격적으로 체계를 갖추어 갔거든. 이 시기에 만들어진 도로와 교통수단, 인쇄술 등은 정보를 전하는 데 도움을 주었어.

구텐베르크의 인쇄술은 많은 사람이 정보를 접할 수 있게 해 줬어. 500여 년 이상의 역사를 자랑하는 신문은 이 인쇄술 덕분에 널리 퍼졌어. 제대로 된 모습을 갖춘 신문은 16세기 중엽에 나타난 이탈리아 베네치아의 〈가제트〉야.

사회가 발전하면서 경제 활동이 다양해지자 더 많은 정보가 필요했어. 미디어는 처음에 정보가 필요했던 도시나 중상류층 계급에 퍼졌어. 왕을 중심으로 한 철저한 신분 사회였던 중세 시대에는 정보를 자유롭게 나누기 어려웠지.

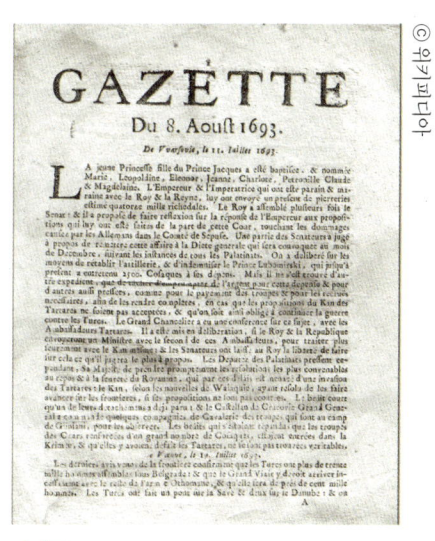
가제트

중세 시대의 미디어도 정확하고 특별한 정보를 얻는 데 한계가 있었어. 자세하지 않은 정보는 사람들이 더 많은 궁금증을 갖게 했어. 소문이 이런 한계를 비집고 들어온 거야. 정보가 늘어날수록 관련 있는 소문도 같이 늘어났어. 사람들이 바글바글하게 모이는 시장·대중목욕탕·학교·병원·교회·성당 등이 소문의 시작

이었어. 신문을 본 사람들이 모여서 서로 알고 있는 내용을 나눠. 이렇게 퍼진 내용이 흥미롭거나 관심이 생기면 미디어가 나서서 알리지. 그렇지 않다면 소문으로 그치고 말아.

초기 단계의 소문은 퍼지는 데 한계가 있었어. 소통이 발달하지 못했거든. 또 시민이 갖는 정보력도 보잘것없었어. 전쟁이나 무역 등의 중요 정보는 관련 있는 사람에게만 오갔을 뿐이야. 소문은 꼬리를 물고 퍼졌지만 생명력이 짧았어. 그런데 중세에는 소문과 정보 사이에 정확한 경계가 없었어. 오늘날 우리에게 익숙한 뉴스(NEWS)를 당시에는 동(East), 서(West), 남(South), 북(North)의 머리글자를 본떠 사방에서 전하는 소문이라 생각했거든.

널리 알려진 소문은 사람들에게 퍼졌지만 전해지는 시간이 오래 걸려 관심도가 떨어졌어. 그만큼 소문의 힘이나 영향력은 약했던 셈이야. 사람과 사회에서 소문은 언제나 따라다녔지만 오늘날처럼 정보가 넘쳐흐르는 시대는 아니었지.

오늘날의 정보는 어떻게 전해질까?

미디어가 발달한 오늘날에는 어떻게 정보가 퍼질까? 다음과 같은 다섯 단계를 거쳐 전해져.

첫째, 사람의 입에서 입으로 소문이 전해져.

사람이 있는 곳에는 언제나 '소문'도 함께 있어. 소문은 내용이 분명하지 않아서 믿기 힘들다는 특징이 있지. 정확한 근거가 없어 정보조차 되지 못한 소문은 사람들에게도 관심을 받지 못해.

둘째, 여기저기 퍼진 소문에 이렇게, 저렇게 살이 붙어.

입에서 입으로 전해지다 보니 조금씩 살이 붙어 내용이 달라져. 또는 '진짜 같은 거짓말'을 위해 '거짓과 과장'을 섞어서 새로운 정보를 만들기도 해. 그다음 창의력과 상상력 등을 더해. 유명한 사람이나 학자의 연구와 주장을 더하면 거짓에 힘이 실려. 때로는 별로 관련 없지만 거짓말과 함께 조금이라도 비슷한 주제의 내용을 이어붙이기도 해. 마지막으로 여기에 애국심, 동정심을 자극하는 요소를 넣기도 해. 이렇게 만든 거짓 정보는 진짜보다 더 진짜 같은 모습으로 나타나. 정보를 나쁜 의도로 꾸며서 만들 때는 이 두 번째 단계가 가장 중요해.

셋째, 미디어가 더 멀리, 빠르게 퍼트려.

과거에는 거짓으로 만들어 낸 정보를 퍼트리기가 어려웠어. 쉽게 퍼트릴 수 있는 편리한 '수단'이 없었거든. 지금은 인터넷이 발달하고 유튜브·페이스북·인스타그램·카카오톡·텔레그램 등 여러 SNS가 나타났잖아? 만들어 낸 정보는 여기를 통해 쉽게 퍼트릴 수 있어. 거짓 정보가 사회 문제가 된 데에는 '편리해진 인터넷' 때문이야. 누구나 정보를 대하고 쉽게 퍼트릴 수 있는 편리함이 거짓 정보가 넘치는 사회로 바꾼 거지.

자주 드나드는 친구의 SNS를 통해 어떤 정보를 봤다고 하자. 이 내용이 자극적일수록 SNS로 빠르게 전해지는 거야. 사람들에게 잘 알려진 인플루언서(SNS에서 수많은 구독자가 있어 영향력을 주는 사람) 등이 퍼 나르기를 하면 전달은 순식간이야.

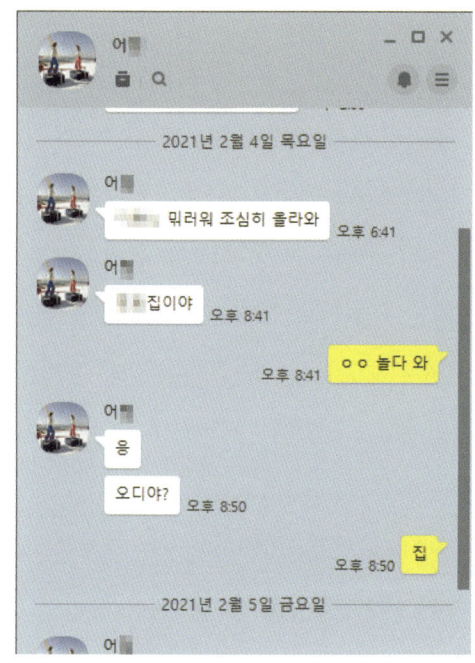
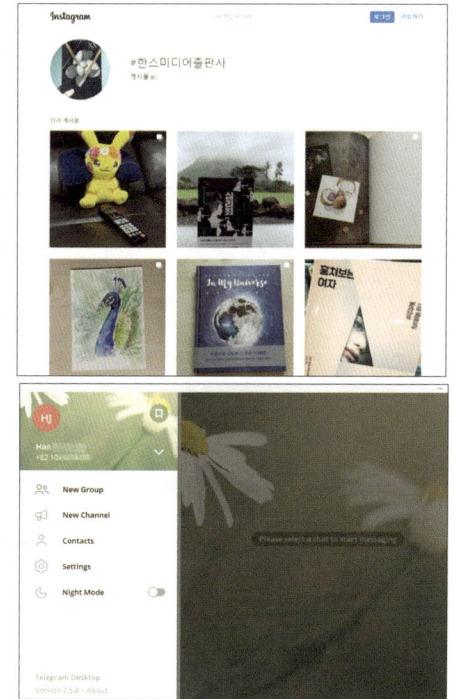

다양한 SNS 매체

넷째, 언론도 퍼트리기에 함께해.

사람들이 관심을 갖는 주제는 언론에서도 주의 깊게 살펴봐. 신문사나 방송사에서는 사실을 확인한 다음 가치가 없다면 무시하는 곳도 있어. 또 사실이 진짜인지 확인하는 데 시간이 걸려서 보도부터 하는 방송사나 신문사도 있지.

오늘날, 사람들은 진실을 알아볼 시간 여유도 없고 사실이 맞는지 하나하나 확인하기 귀찮아해. 또 본 대로, 믿고 싶은 대로만 믿으려고 하지. 좋은 언론은 사실을 확인해서 '진실'을 보여 주는 곳이야. '……논란', '……소문의 내막은?' 등처럼 호기심을 갖게 하는 믿거나 말거나 식의 보도를 내보내는 언론이 있을지도 모

71

르니 경계해야 해.

다섯째, 순식간에 퍼진 정보는 때때로 누군가에게 피해를 줘.

하나의 소문이던 정보가 거짓으로 꾸며져 SNS나 언론으로 널리 퍼지는 순간 '하나의 잘못된 사실'로 바뀌어 전해지기도 해. 문제는 거짓 정보의 진실을 밝히는 데 시간이 걸린다는 점이야. 나중에 정확한 사실이 밝혀져도 그때쯤이면 사람들에게 잊힌 이야기가 되거든. '거짓'이 밝혀지기까지 적어도 몇 주나 몇 달에서 몇 년이 걸리기도 해. 보도할 당시에는 진실이라고 믿었던 정보가 몇 년 뒤에 거짓으로 밝혀진 사례도 있어.

진실은 언제나 인내와 시간을 요구하지만 사람들은 언제나 진실한 정보를 정확하고 빠르게 알고 싶어 해. 이런 성급함이 어쩌면 거짓 정보를 빠르게 퍼트려 믿게 하는지도 몰라.

04 누가, 왜 만들까?

거짓이 섞인 정보와 뉴스는 누가 세상에 퍼트리는 걸까? 이를 만드는 사람들은 '흥미형·정치오보형·장사형·폭력형'처럼 종류도 저마다 다르게 나뉘어져 퍼트리고 있어. 때로는 이 모두가 합쳐져서 나타나기도 해.

흥미형 : 관심을 끌고 싶은 자

> "개가 물에 빠진 사람을 구했다?"
> 사람도 하기 힘든 일을 한국의 개가 해냈다는 믿기 힘든 뉴스. 외국 언론에서는 흥미로운 이 내용에 빠르게 집중했다. 이 중요한 뉴스를 놓칠 수 없었던 외국인 기자는 즉시 뉴스의 무대였던 경상남도 함안에 찾아가는데…….
> "사람을 구했다는 개는 대체 어디 있는 거야?"
> 기자는 함안 이곳저곳을 둘러봤지만 소문의 개는 찾을 수 없었다. 과연 진실은 무엇이었을까?

물에 빠진 사람을 구했다는 개의 뉴스는 거짓이었어. 누군가 내용을 꾸며 퍼트렸다는 사실이 뒤늦게 밝혀졌거든. 여러분도 거짓말했을 때 속아 넘어가는 사람들의 반응이 참 재미있지? 이런 반응을 보고 싶어서, 또는 사람들에게 관심을 끌고 싶어서 거짓을 퍼트리는 거야.

재미있고 자극적인 거짓과 달리 진실은 재미있지 않고 자극적이지도 않아. 이런 재미없는 진실에 거짓이나 과장을 조금만 더하면 흥미로워진다니 신기하지 않니? 옛날에는 거짓 정보나 뉴스가 주로 일부 계층에서 만들어졌어. 이와 달리 오늘날에는 누구나 재미삼아 정보를 만들어서 퍼트릴 수 있어. 이렇게 퍼진 거짓은 누군가는 피해자가 되게 하고 누군가는 가해자가 되게 하지.

정치·오보형 : 오보를 급하게 알린 자

> 해방을 맞이할 무렵, 조선은 두 가지 선택에 놓여 있었다.
> "온전한 독립 국가가 되느냐, 미국이나 소련(러시아)에게 '신탁 통치'(강대국이 잠시 동안 대신 다스리는 또 다른 지배 방식)를 받느냐?"
> 1945년 12월, 미국과 소련, 영국 외무부 장관 세 명이 모여 조선을 둘러싸고 오랜 시간 의견을 나누었다. 그 끝에 전해진 소식은 놀라운 내용을 담고 있었다. 바로 조선의 독립 문제를 두고 다른 주장이 나왔다는 것!
> "조선 독립 문제, 소련은 신탁 통치 주장, 미국은 즉시 독립 주장!"
> 이 보도는 곧 다른 언론에도 전해져 "소련이 주도하여 신탁 통치를 하려 한다."라는 소식으로 전해지는데······.

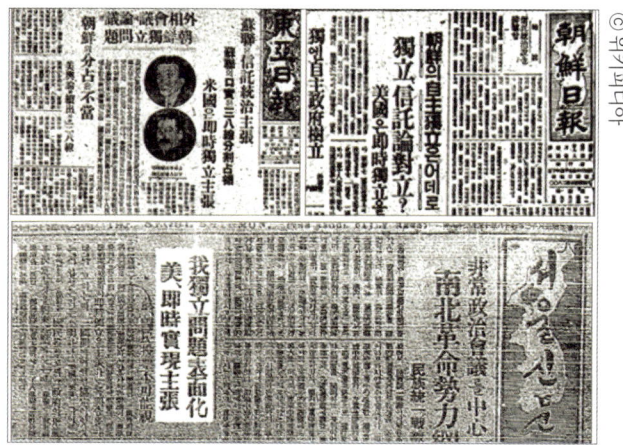

신문사가 전한 신탁 통치 오보

역사학자들은 그 당시 정확한 회의 내용을 이렇게 정리하고 있어.

"조선을 완전한 독립국으로 키우고자 '임시 정부'를 세운다. 이를 위해 미국과

소련 양쪽 사령부는 2주일 안에 미소공동위원회를 꾸리고 조선의 완전한 독립을 목표로 한다. 또 미국·소련·영국·중국 4개국이 함께 5년간 신탁 통치를 하는 데 협의한다."

처음 우리나라에 전해진 내용과 완전히 다르지? 나라의 운명이 걸린 회의 내용을 사실과 다르게 알린 결과는 국민들의 의견 분열로 이어졌어. 이 사건은 오보의 대표적인 예이기도 해. 동시에 정치적 거짓말이나 잘못된 내용이 사람들에게 어떻게 영향을 주는지 알 수 있지.

거짓 정보나 뉴스는 때때로 '정치'와 관련이 있기도 해. 잘못 전해진 정치 관련 소식을 오해하면 하나였던 나라와 국민을 갈라놓을 수 있거든.

장사형 : 쉽게 돈을 벌려는 자

유튜브에는 늘 새롭고 흥미로운 정보로 만든 영상이 많아. 정확한 정보와 꼼꼼한 분석으로 꾸며져 도움을 주는 영상도 가득하지. 이와 달리 조금의 사실에 과장과 거짓, 욕설이 섞인 영상도 많아.

왜 이런 영상들이 많냐고? 구독자 수가 많아지거나 만든 영상을 많이 볼수록 수입으로 이어지기 때문이야. 밋밋한 진실보다 화끈한 거짓 정보, 담담한 사실보다 눈길을 사로잡는 거짓이 조회 수를 더 올릴 수 있어.

유튜브 채널은 보는 사람이 믿고 싶은 정보나 취향에 맞는 영상을 알고리즘 (인공지능이 유튜브 이용자가 자주 검색한 내용과 관련 있는 정보 영상을 띄워 주는 것)'이 소개하고 클릭하게끔 하지. 오늘날에는 자극적이고 화려한 내용의 영상을 클릭하는 사람들이 많아졌어. 이를 이용해 쉽게 돈을 벌려는 사람들이 있는 한 앞으로도 거짓 정보로 만들어진 영상은 쉽게 사라지지 않을지도 몰라.

폭력형 : 전쟁을 일으키는 자

> "속보! 베트남을 정찰하던 매덕스호, 북베트남에 공격을 받아!"
> 삽시간에 퍼진 공격 소식은 미국 국민의 시선을 한 번에 사로잡았다.
> 이 소식이 전해진 뒤 미국 정부는 국민에게 강한 메시지를 내보내기에 이른다. 바로 베트남에게서 미국인의 생명과 민주주의를 지켜 내겠다는 것! 미국 정부는 이에 그치지 않고 본격적으로 베트남에 군대를 보내며 전쟁에 뛰어드는데…….

북베트남에게 공격을 받은 매덕스호의 사건을 계기로 베트남 전쟁이 터졌어. 그런데 매덕스호가 공격받았다는 사실이 거짓이었다고 당시의 맥나마라 부통령의 자서전에서 훗날 밝혀졌지. 전쟁할 이유가 없는데도 이런 내용을 퍼트려 미국이 전쟁에 뛰어들었을 줄은 미국 국민도 몰랐을 거야.

전쟁이 길어지면서 수많은 젊은이가 희생되자 미국에서는 전쟁을 반대하는 시위가 거세게 일어났어. 그 결과, 미국이 베트남에서 군대를 물러나게 하면서 전쟁이 끝났지.

이 밖에도 미국은 이라크가 온갖 위험한 무기 등을 만들고 있다는 거짓 정보를 퍼트려서 두 차례나 이라크와 전쟁한 적도 있어. 당시 이라크 무기를 감시하던 UN의 책임자 한스 블릭스가 그 흔적을 찾을 수 없다고 했는데도 말이야. 이 사실은 나중에 영국의 이라크조사위원회가 발표한 〈칠콧보고서〉에도 나와 있어.

때때로 전쟁을 통해 이익을 얻으려는 나라가 있어. 수많은 목숨과 돈이 들어가는 끔찍한 전쟁은 쉽게 벌일 수 있는 일이 아니야. 그럼에도 '이익'을 얻으려고 전쟁해야 할 '이유'를 '거짓'으로 만들어 놓았어. 아무 이유 없이 일으키는 전쟁보다 거짓으로 분위기를 만든 다음 시작하는 전쟁. 훨씬 더 그럴듯하지 않니?

열두 권 분량의 칠콧보고서

Fake News ▶

3 이것이 바로 '가짜뉴스'

1 이것이 가짜뉴스!
2 관심 받는 정보의 특징
3 가짜뉴스의 특징
4 가짜뉴스와 오보는 달라!
5 가짜뉴스는 왜 위험할까?
6 거짓이 만드는 사진

방송인 A의 스캔들, 그 진실은?

▶108쪽에서 확인

01 이것이 가짜뉴스!

늑대가 나타났어요!

어느 마을에 양을 치는 소년이 살았어요. 날마다 양떼를 돌보던 소년은 평화로운 하루를 보내기가 무척 심심했어요.

어떻게 하면 지루한 하루가 재미있을지 고민하다가 마을 사람들에게 거짓말하기로 마음먹었답니다.

"큰일이에요! 늑대가 나타나 양들을 마구 잡아먹고 있어요!"

소년의 외침에 크게 놀란 마을 사람들은 곡괭이와 삽 등을 들고 뛰쳐나왔어요. 하지만 거짓말이었지요. 소년은 허둥대는 사람들의 모습이 너무나 재미있었어요. 그리고 얼마 지나지 않아 늑대가 또 나타났다며 거짓말했답니다. 사람들은 또다시 속고 말았어요. 이렇게 소년은 몇 번이나 속아 넘어가는 마을 사람들이 우스웠어요.

어느 날, 한가롭게 풀을 뜯는 양떼들이 있는 초원에 정말 늑대가 나타났어요.

"늑대가 나타났어요! '진짜' 늑대가 나타났다고요!"

급해진 소년은 목이 터져라 고함쳤어요. 이 소리를 들은 마을 사람들은 시큰둥하게 콧방귀를 뀌며 무시했지요.

"하! 우리가 바보인 줄 알아? 이번에는 절대 속지 않을 거야."

소년의 거짓말에 여러 번 속은 사람들은 누구도 나타나지 않았답니다.

이 이야기는 거짓 정보나 뉴스가 얼마나 위험한지 말해 주고 있어. 요즘에는 이런 거짓 정보와 뉴스를 통틀어서 흔히 '가짜뉴스'라고 말하곤 해. 거짓을 진짜처럼 꾸며서 퍼트렸다는 뜻이 담겨 있어. 가짜뉴스는 '거짓말'이 기본이야. 사실이 아니면서 상대를 속이기 때문에 아주 위험하지. 가짜뉴스를 때로 거짓말과 같은 말처럼 쓰기도 해. 하지만 가짜뉴스는 단순한 거짓말을 넘어서 사람들에게 널리 빠르게 퍼져서 굉장히 위험하다는 사실을 기억해 줘.

　한국의 정보 관련 전문 연구 기관인 정보통신정책연구원에서는 "허위인 줄 알면서 정치적이거나 경제적 이익 등을 얻으려고 다른 이용자들이 사실로 오해하게끔 만들어서 퍼트린 것."이라고 가짜뉴스의 뜻을 정했어.

　진실을 숨기고 거짓으로 꾸며서 만든 가짜뉴스나 정보를 통틀어서 '허위 조작 정보'라고 표현하는 게 더 맞아. 하지만 사람들에게 '가짜뉴스'라는 말이 더 익숙하게 쓰이고 있을 거야. 언론에서 수없이 가짜뉴스라고 부르는 데다가 진짜가 아니라는 뜻에서 가짜라는 표현을 쓴 만큼 여기에서는 '가짜뉴스'라고 정리해 둘게. 다만 '허위 조작 정보'라는 표현도 같이 기억해 주면 좋겠어.

　지금부터는 뉴스와 뉴스를 아우르는 정보를 구별해서 여러분에게 '가짜뉴스'의 특징과 위험성을 자세하게 알려 주려고 해. 사실, 뉴스는 정보의 또 다른 종류야. 정보가 뉴스를 아우르고 있지만 뉴스와는 차이가 있어. 어떻게 다른지 그 특징을 하나하나 함께 살펴보자.

02 관심 받는 정보의 특징

정보는 여기저기에서 쏟아지고 있어. 하지만 우리에게 알려진 내용을 모두 '정보'라고 하지 않아. 그렇다면 많은 사람에게 '관심'을 받는 정보는 어떤 특징이 있을까? 알기 쉽게 다섯 가지로 정리했어.

첫째, 정보는 대단히 '흥미로워'.

사전에서는 정보를 '사물이나 어떤 상황에 대한 새로운 소식이나 자료'라고 설명해. 쉽게 정리하면 사람들이 눈여겨보는 것들 가운데 호기심이 들 만한 '흥미성'이 관심을 받는 정보의 특징이라는 말이야. 그렇다면 흥미가 있다고 무조건 정보가 될까? 다음 글을 보자.

> "부산에서 잃어버린 반려견이 1년 만에 서울로 이사한 아파트로 주인을 찾아왔다."

이 소식은 정말 '흥미로운 정보'라고 볼 수 있어. "먼 길을 달려온 개가 어떻게 주인을 찾아왔을까?"라는 궁금증을 불러일으키거든. 이런 정보는 사람들의 관심과 흥미를 끌어서 '뉴스'라고도 하고 '정보'라고도 해.

둘째, 정보는 '놀라워'.

정보는 모두 놀랍지는 않아. 다만 놀라운 소식은 '정보'라고 부를 수 있지.

"일본이 한국에 대한 역사 왜곡과 독도 분쟁 논란에 사과했다."

이런 소식이 뜬다면 역사적 사실이 담긴 굉장히 '놀랍고 귀한 정보'일 수 있어. 일본은 지금까지 '독도가 자신들의 땅'이고 여기에 '거짓'은 없다고 주장해 왔거든. 이를 뒤집는 정보는 놀라우면서도 값진 내용을 담고 있지. 그래서 놀라운 이야기, 놀라운 소식은 '정보의 바다'에 들어가.

셋째, 정보는 '가치'가 있어.

모든 정보에는 가치가 있어. 가치가 얼마나 있는지에 따라 등급도 달라지지. 나라에서도 가치가 큰 정보는 따로 다루고 있어. 이를테면 "행정 수도를 옮길 것

인가? 옮기면 어디로 옮길 것인가? 언제 옮길 것인가?" 등은 굉장히 중요한 정보야. 이런 정보를 누구보다 쉽고 빠르게 얻는다면 나쁜 일에 이용하는 사람들도 있겠지? 그래서 이런 정보를 나라에서 따로 다루는 거야.

　넷째, 정보는 '의외성'이 있어.

　정보는 종류도, 내용도 다양해. 생각보다 특별하지 않은 일상적인 정보도 있어. 이 가운데 '뜻밖의 내용'이 담긴 정보는 높은 가치가 있지. 다음 내용을 담은 정보를 함께 볼까?

> 일상 정보 : 여름철 태풍은 대부분 한반도를 비켜 갔다.
> A : 여름철 태풍이 한반도를 비켜 갈 것이다. (다수)
> B : 여름철 태풍이 한반도를 강타할 것이다. (소수)

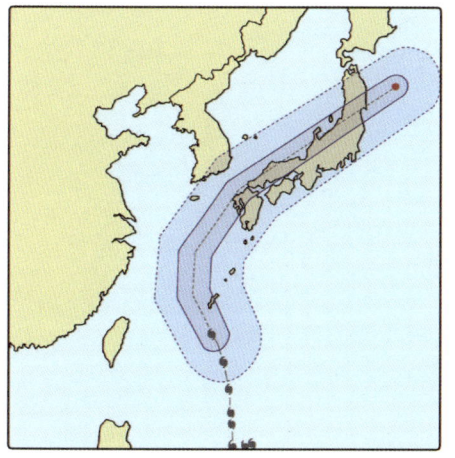

태풍 OOO. 우리나라를 비켜 갈 것이다.

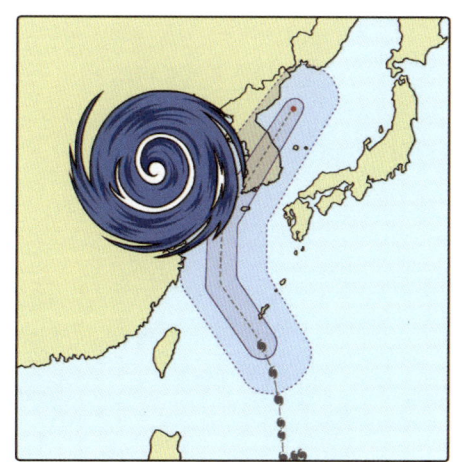

태풍 OOO. 한반도를 강타할 것이다.

B는 소수의 주장이지만 '한반도 강타'라는 정보에 주목하고 있어. 결과가 맞느냐, 틀리냐를 떠나 생각과 기대와 전혀 다른 내용이 사람들의 관심을 끌거든. 예상과 다른 내용이 담긴 정보는 가치가 높아져 관심을 받아.

다섯째, 정보는 '새로워'.

정보는 지금까지 알려지지 않은 '새로운 내용'을 담고 있어. 따라서 모든 소식은 '정보'라고 할 수 있지. 새로움을 원하는 뉴스의 특징은 정보의 특징이기도 해. 이를테면 "중국과 한국이 철도로 연결된다."라는 글이 떴다고 해 보자. 이 새 소식은 뉴스이면서 정보로 볼 수 있어. 그동안 북한이나 일본 사이에서 철도 연결 이야기는 종종 있었지만 중국과의 연결은 한 번도 언론에서 알려지지 않았거든. 이처럼 내용이 '새로울수록' 정보는 더욱 가치가 있어.

03 가짜뉴스의 특징

"백두산에 괴생명체가 산다!"
"네스호에 괴물이 나타났다!"
"인어공주가 아프리카 해안에서 실제로 발견됐다!"
……

　인터넷이나 SNS 등에서 종종 볼 수 있는 이런 내용은 사람들을 궁금하게 하는 내용이야. 언제나 찾아보는 사람이 있으니 끊임없이 나타날 수밖에 없어. 말도 안 되는 이런 뉴스를 왜 찾아보냐고? 사람들은 그럴 리가 없다고 생각하면서도 '혹시나' 해서 보는 거야. 사람들이 진실을 알고 싶어 하는 주제들은 아주 큰 뉴스감이야. 시선을 끌 수 있다면 과장과 거짓은 SNS에서 곧잘 쓰이고 있지.
　인터넷에서 널리 퍼진 사진과 글을 무조건 믿어서는 안 돼. 그 이유를 다음 이야기에서 살펴보자.

　인도 뉴델리에 사는 한 여성이 SNS에 백조 사진과 더불어 다음과 같은 글을 함께 올렸다.
　"코로나 팬데믹은 예기치 않는 효과가 있다. (찾아오는 사람이 줄어) 이탈리아 베네치아의 운하가 처음으로 맑아졌다. 물고기가 보이고 백조가 돌아왔다."

사진처럼 물이 맑아진 걸까?

이 글은 수많은 '좋아요'가 달리고 공유됐어. 미국의 방송사에서도 "관광 중단으로 물고기가 보일 만큼 운하가 맑아졌다. 덕분에 백조가 돌아오고 항구에 돌고래가 나타났다."라고 보도했어. 실제로 베네치아 운하에서 물고기 떼가 헤엄치는 사진과 운하 다리 아래에서 백조가 노니는 사진, 돌고래 두 마리가 헤엄치는 사진이 여러 SNS에 올라왔지.

그런데 이 사진들은 거짓이었어. 〈내셔널지오그래픽〉이 화제가 된 사진을 조사한 뒤 베네치아 운하에 돌아왔다는 백조 사진은 거짓이라고 밝혔거든. 사진의 배경은 베네치아가 아닌 이탈리아의 '부라노섬'이었어. 돌고래 두 마리가 나타났다는 사진 속 장소도 베네치아의 운하나 항구가 아닌 이탈리아 서쪽에 있는 사르데냐섬의 항구였지. 사르데냐섬은 이탈리아의 땅이지만 베네치아에서 800킬로미터 떨어진 곳이야.

SNS에서는 눈으로 보고도 믿을 수 없는 일이 간단하게 퍼지고 있어. 여기에서 퍼지는 가짜뉴스를 때로 방송사까지 나서서 퍼트릴 수 있는 시대에 살아가고 있으니 더 주의해야겠지? 지금부터 SNS와 인터넷을 중심으로 퍼지는 가짜뉴스에 어떤 특징이 있는지 살펴보자.

첫째, 가짜뉴스는 '눈길'을 사로잡아.

제목과 내용 모두 궁금증을 일으킬 만큼 '자극적'이야. 일부 사실을 부풀리거나 이미지를 꾸며서 눈길을 끌거든. '깜놀, 충격, 파격, 이럴 수가…….' 등의 표현이 들어가는 제목이라면 일단 생각해 봐.

사람들은 굉장히 자극적인 무언가를 좋아해. 심심한 맛보다 짠맛·매운맛·단맛처럼 혀에 자극을 줄 수 있는 맛을 좋아하듯 말이야. 내용을 조금만 지우고 비틀거나 부풀리면 그럴듯한 거짓이 만들어지기도 하는 곳이 SNS야. 눈길을 끄는 제목과 내용에 속아 잘못된 판단을 하지 않도록 주의해야 해.

둘째, 가짜뉴스는 '감쪽같은 기술'로 만들어져.

그럴듯한 가짜가 진짜처럼 교묘하게 만들어지거든. 이를테면 유명인을 가상에서 만들어 내기도 해.

"간단히 이렇게 말해 볼까요? T 대통령은 아주 완전히 '머저리'입니다."
유튜브에 떠도는 버락 오마바 전 대통령의 딥페이크 영상

실제로 인터넷에서 퍼진 한 영상에서는 미국의 버락 오바마 전(前) 대통령이 나와서 웃음기 없는 표정으로 믿기 힘든 말을 한 적이 있었어.

"제가 이런 말을 할 사람이 아니란 건 아시죠? 적어도 대중 연설에선 말입니다."

뭐가 진실일까? 머저리라거나, 이런 말을 할 사람이 아니라는 말 모두 그가 한 말이 아니었어. 이 영상은 미국의 온라인 매체 〈버즈피드〉와 조던 필레 감독이 이끄는 〈멍키포〉 제작사가 함께 만든 '딥페이크(Deepfake)' 영상이었거든. 딥페이크는 인공지능을 활용한 기술이야. 인물의 얼굴이나 부위를 합성해 진짜처럼 만들지. 이처럼 감쪽같은 기술로 만든 가짜뉴스는 누구든 속여 넘길 수 있어. 전문

가도 예외는 아니지.

셋째, 가짜뉴스에는 '상대를 향한 미움'이 있어.

미움은 누구에게나 있는 특성이야. 특히 지역·계층·종교·대상 등을 중심으로 편을 가른 뒤 미움이라는 감정을 불어넣곤 해. 사람들에게 만들어 퍼트린 뉴스를 믿게 하는 데에도 '미움'만큼 좋은 방법이 없어. 여기에 인터넷 언론과 SNS 등은 더 빠르게 퍼트려 줄 보조 도구로 쓰이지.

넷째, 가짜뉴스에는 '내 말만 진실'이라는 주장이 있어.

가짜뉴스는 누군가가 일방적으로 퍼트려. 또는 언론에서 사실 확인 없이 그대로 내보냈다가 소동이 벌어지기도 하지. 이메일을 통해 문서로 전해지기도 하고 말이야. 만들어진 뉴스는 한쪽 주장만 담겨 있어서 반대쪽 입장이나 의견이 무시되어 있다는 점을 기억해. 명백한 역사조차 일방적인 거짓이 더해지면 사회에서 논란을 일으키기도 해. 자신이 믿고 싶은 내용만 보고 믿는 심리. 이는 가짜뉴스에서도 그대로 나타나 있어.

다섯째, 가짜뉴스가 주는 피해는 굉장히 '치명적'이야.

진실이 밝혀지기 전까지 무서운 힘을 보여 줘. 진실을 넘어서는 힘이 어느 정도인지 다음을 잘 살펴봐.

작은 바닷가 마을에서 배가 부딪쳐 수십 명이 죽은 일이 있었어. 이 사고로 슬픔에 잠긴 마을에서 "밤이면 바닷가에서 귀신이 나타난다."라는 소문이 돌았어. 급기야 정말 귀신을 봤다는 사람도 나타나더니 마을 사람들은 저녁에 집에서 나오지 못했지. 웃지 못할 이 소동은 경찰이 큰길에 나와 가로등을 밝힌 뒤에야 잠잠해졌어. 귀신이 나타난다는 거짓 소문 하나가 마을을 한동안 공포로 몰아넣을 만큼 가짜뉴스는 그 힘이 대단해.

　거짓은 진실보다 퍼지는 속도가 여덟 배나 빠르다는 연구도 있어. 이렇게 가짜뉴스가 주는 효과가 엄청나다면 접근과 공유에 더욱 조심해야겠지? 이와 함께 '오보'의 영향력도 어마어마하다는 사실을 기억해. 그렇다면 가짜뉴스와 오보는 어떻게 다를까?

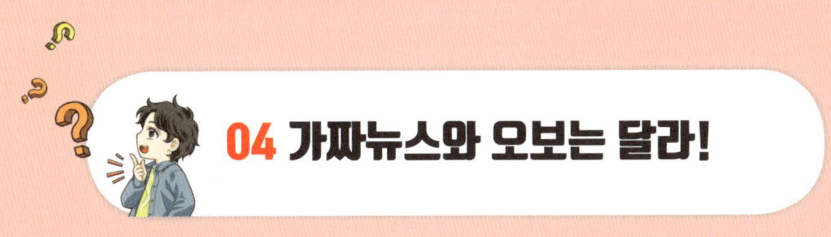

04 가짜뉴스와 오보는 달라!

이 세상에 전해지는 모든 뉴스와 이야기, 소문은 정보에 들어가. 정보가 좀 더 새롭거나 많은 사람에게 관심을 끌면 '뉴스'가 돼. 정보와 뉴스는 비슷해 보이지만 조금씩 다른 점이 있어. 인터넷에서는 이 둘을 이렇게 정리하고 있어.

- **정보** : 사람의 판단이나 행동에 필요한 또는 실정에 대해 알고 있는 지식.
  (출처 = 〈한국민족문화대백과사전〉)

- **뉴스** : 사회의 많은 사람이 중요하게 생각하는 사실이나 의견의 알맞은 보도.
  (출처 = 〈광고사전〉)

정보와 뉴스의 관계

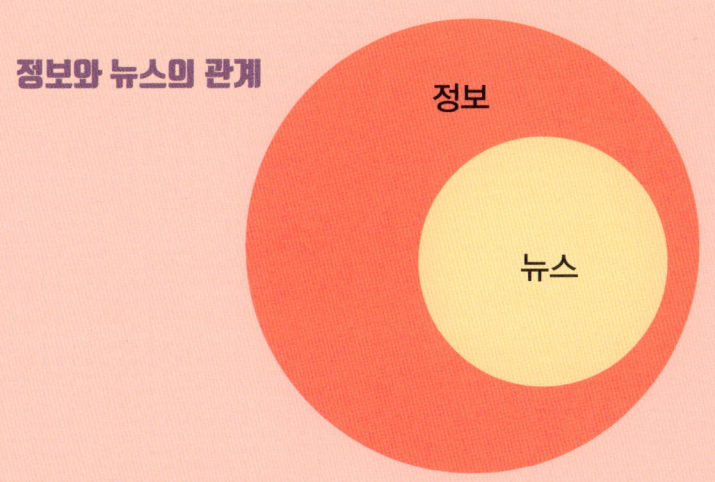

설명만으로는 부족하니 사례를 통해서 정보와 뉴스가 어떻게 다른지 자세히 살펴보자.

> 1. 한국의 섬 가운데 울릉도에 눈이 가장 많이 내린다. 눈이 많이 내리면 봄에 나무에서 나오는 물(고로쇠)이 풍년이라고 한다. 20XX년 겨울에는 지구 온난화로 울릉도에 눈이 가장 적게 내릴 것이라 보고 있다.
>
> 2. 초등학교 4학년 서형이는 컴퓨터나 아이패드 게임을 좋아한다. 서형이의 할아버지는 전문적인 디지털 그림을 그리고 싶어 아이패드를 샀다. 그런데 처음 보는 기능이 많아 제대로 쓸 수 없었다. 할아버지는 서형이에게 아이패드 기능 설명을 잘 읽고 가르쳐 달라고 부탁했다.
>
> 3. 시골 마을에 수정이가 살았다. 수정이가 사는 동네는 이웃 마을과 사이가 나빠 사람들끼리 싸움이 자주 벌어지곤 했다. 네 살 수정이는 할머니를 따라 이웃 마을에 가는 것을 무척 좋아했다. 그날도 이웃 마을에 볼일을 보러 가는 할머니를 따라나섰다. 그곳에서 수정이는 혼자 뛰어놀다가 이웃 마을 사람들이 싸움에 쓸 돌과 나뭇가지를 숨긴 곳을 우연히 발견했다. 이를 보고 서둘러 돌아온 수정이와 할머니는 마을 사람들에게 이 소식을 전했다.

1번은 뉴스일까, 정보일까?

뉴스이기도 하고 정보이기도 하지만 '뉴스'에 가깝다고 봐야 해. 사람들(울릉도 주민과 고로쇠 소비자들)에게 영향을 미치고 '새로운 내용(20XX년 겨울에는 울릉도에 눈이 적게 내릴 것)'이라는 뉴스의 요소가 있거든. 물론 뉴스는 정보에 들어가니 이를 정보라고 봐도 괜찮아.

2번은 뉴스일까, 정보일까?

'정보'라고 봐야 해. 아이패드를 잘 모르는 할아버지가 손자에게 정보를 배워 그리려고 하기 때문이야. 개인과 개인 사이에 벌어지는 일이고 많은 사람이 관심을 가질 만한 요소나 새로운 내용이 없어.

3번은 뉴스일까, 정보일까?

당시에는 값진 뉴스이자 정보였을 수 있어. 이웃 마을을 이기려고 몰래 무기를 감추고 있었다는 새로운 사실이 있기 때문이야. 이 뉴스는 한쪽에서는 숨겨야 했지만 다른 한쪽에서는 알아야 했어. 이 뉴스를 들은 수정이의 마을 사람들은 '귀중한 비밀 정보'로 판단하여 대책을 세웠을 거야. 이 상황에서도 뉴스와 정보는 함께 쓸 수 있어.

뉴스를 가치 있게 하는 여섯 가지 조건

뉴스는 무엇으로 가치가 정해질까? 정보와 비슷하지만 여섯 가지를 중심으로 자세히 살펴볼게.

뉴스의 가치는 세계의 언론학계에서 다양하게 기준을 정해 놓고 있어. 여기에서는 여섯 가지로 정리해 봤어. 보다 쉽게 이해하기 위해 정리한 여섯 가지는 완벽한 기준이라고 말할 수 없어. '새로움·의외성·규모·중요도·시의성·흥미'의 여섯 가지에 지역성을 더해 일곱 가지라고 주장하기도 해. 여기에서는 설명하기 복잡한 지역성을 뺀 여섯 가지를 살펴보도록 할게.

첫째, 뉴스는 '새로움'이 있어야 해.

> 학생들이 떠난 한 시골 마을에 국제 학교가 처음 들어섰다. 국제 학교는 중학교와 고등학교를 합친 대안 학교 성격을 띠었다. 이곳은 그만큼 주민들이 기대하던 시설이었다. 학생 일곱 명, 교사 일곱 명으로 시작한 학교는 크지 않았다. 마을 주민들은 자녀 교육으로 가족이 떨어져 사는 일이 없겠다며 크게 기뻐했다.

여기에서 핵심은 "시골 마을에 국제 학교가 처음으로 들어섰다."라는 소식이야. '처음으로, 역사상 최초로, 전례가 없는' 등의 새로움을 뜻하는 말은 뉴스에서 중요한 가치야. 정보도 새로울 수 있지만 뉴스만큼 영향을 받지는 않아. 뉴스는 새롭지 않으면 뉴스가 아니라고도 하거든. 이와 달리 정보는 '새롭지 않아도' 될 수 있어.

둘째, 뉴스는 '의외성'이 있어야 해.

> 5학년 2반 창준이의 별명은 '마빡이'다. 이 별명은 축구 시합 때마다 헤딩으로 골을 잘 넣어서 붙었다. 창준이에게는 '조스'라는 또 다른 별명이 있다. 이 별명에도 사연이 있다. 4학년 때 창준이는 친구들과 통닭을 걸고 내기했다. 내기는 마을에서 사나운 동네 강아지와 대결하는 것이었다. 창준이는 먼저 달려든 강아지의 꼬리를 잽싸게 잡고 엉덩이를 물었다. 엉덩이를 물린 강아지는 '깨갱' 소리를 내며 도망치는 게 아닌가? 웃고 있는 창준이의 입에는 강아지의 엉덩이 털이 한 움큼 날리고 있었다. 그 후 창준이는 '조스'라는 별명을 얻었다.

누구나 아는 흔한 사실은 뉴스가 될 수 없어. 앞서 본 사례처럼 사람이 강아지의 엉덩이를 물었다는 이야기는 의외의 사실이야. '의외성'은 뉴스에서 중요한 가치야. 지금껏 알려지지 않아서 사람들을 놀라게 할 만큼 주목도가 높거든. 이와 달리 정보는 의외성을 중요하게 여기지 않아.

셋째, 뉴스는 '피해 규모'가 중요해.

> 1. 한국에서 리히터 규모 6.3의 강진이 일어났다. 산과 건물, 도로가 무너지고 다치거나 죽은 사람도 많았다. 집을 잃은 수백 명이 가까운 체육관 등의 공공시설로 피했다.
> 2. 서해안 고속 도로에서 화물차와 자동차가 부딪쳐 두 명이 다치는 사고가 있었다. 자동차 범퍼가 긁힌 것 외에 피해가 크지 않은 사고였다.
> 3. 도둑이 경로당에 침입해 현금 15000원을 훔쳐 달아났다.
> 4. ○○ 국회의원이 사업자를 봐주고 5억여 원의 돈과 상품권을 받았는지 검찰에서 조사하고 있다.

소개한 사례들은 뉴스에서 볼 수 있는 사건들과 사고들이야. 여기에서 2번과 3번은 언론에서 거의 보기 힘들어. 피해 규모가 아주 작기 때문이야. 이와 달리 1번과 4번은 자주 볼 수 있어. 피해 규모나 액수가 크고 관련 있는 사람이 중요하거든. 뉴스는 피해 규모가 크면 클수록 가치가 높아져. 규모가 작고 관계있는 사람이 그다지 중요하지 않으면 비중 있게 다뤄지지 않아.

넷째, 뉴스는 내용이 '얼마나 중요한지'가 필수야.

> 1. 북한과 미국이 처음으로 제3국에서 정상 회담을 하기로 했다.
> 2. 여름철 물놀이 보트가 뒤집혀 일가족 두 명이 실종되었다. 실종된 두 명에는 대법관 한 명이 있었다.
> 3. 한국 역사상 최초로 대통령이 탄핵되어 빠른 시일 안에 대통령 선거가 열리기로 했다.

1~3번은 모두 중요성이 아주 높은 뉴스들이야. 먼저 1번의 북한과 미국의 정상 회담은 한반도에 평화와 통일을 가져올 수 있다는 점에서 나라와 국민의 관심사로 볼 수 있어.

2번은 물놀이 사고로 찾지 못한 사람의 수를 알리는 여름철 단골 뉴스야. 사라진 사람이 대법관이라는 점에서 뉴스는 중요해져. 이처럼 사회적·정치적으로 중요한 일뿐만 아니라 뉴스의 주인공이 중요해도 뉴스의 중요성은 높아져.

3번은 한국의 역사를 들썩이게 할 사건이야. 대통령 선거가 더 빨리 치러진다면 누가 다음 대통령이 될지 온 국민이 관심을 갖고 보겠지?

다섯째, 뉴스는 '시의성'도 중요해.

> 1. 서울시 중구 ○○초등학교 앞의 스쿨존에서 속도를 줄이지 못한 자동차에 어린이가 두 명 부딪혀 다쳤다.
> 2. 5월 5일 어린이날, 한 어린이가 스쿨존에서 차에 부딪혀 크게 다쳤다.

'시의성'이란 사전에서 '당시의 상황이나 사정과 딱 들어맞는 성질'이라고 설명해. 흔히 '타이밍'이라고도 하는 시의성은 어떤 특정한 시점을 말하지. 앞에서 소개한 사례와 함께 살펴볼게.

1번과 달리 2번에는 사고의 순간으로 '어린이날'이 분명히 나타나 있어. 1번과 2번 가운데 어떤 것이 더 중요한 뉴스일까? 1번은 어린이 두 명이 다치고 2번은 어린이 한 명이 다쳤으니 1번이 더 중요할까? 그렇지 않아. '시의성' 때문에 2번이 훨씬 더 중요한 뉴스야.

어린이날은 어린이가 즐거워야 하는 날이야. 행복해야 할 아이들이 스쿨존에서 당한 사고는 큰 사건이지. 언론에서는 이 시의성을 중요하게 여겨서 사람들과 뉴스를 바라보는 가치가 다를 수 있어.

여섯째, 뉴스는 '인간적 흥미'도 중요해.

무너진 건물 더미에 갇힌 두 사람은 몸을 움직일 수 없었다. 크게 다친 데다가 아무것도 먹지 못한 채 버틴 지 사흘째였다. 어둠 속에서 목소리만 들릴 뿐 두 사람은 얼굴도 볼 수 없었다. B는 다가오는 마지막 순간을 느끼고 A에게 말을 전했다.

B : 저는 다리를 다쳐 움직일 수 없어요. 더 이상 버티기 힘들어요. 제가 아내와 가족을 얼마나 사랑했는지 전해 주세요. 마지막 순간까지 발버둥쳤다고도요.

A : 힘내요. 저도 움직이기 어렵지만 멀리서 구조대 소리가 들려요. 물론 당신의 말은 가족에게 전해 줄 거예요.

B : 저는 서울 ○○초등학교 5학년 1반 담임 선생님이에요. 반 아이들을 얼마나 좋아했는지도 꼭 전해 주세요.

다행히 A와 B는 살아남았고 이 이야기는 언론을 통해 알려졌어. 이처럼 뉴스는 사람들이 내용에 얼마나 '흥미'를 느낄지 중요하게 생각해. 조금 잔인하지만 끔찍한 일이든 슬픈 일이든 관계없이 말이야.

가짜뉴스와 오보는 무엇이 다를까?

가짜뉴스와 오보는 "틀렸다, 정확하지 않다, 부풀려지거나 왜곡되었다."라는 점에서 비슷할 수 있어. 가짜뉴스는 '거짓·조작·과장·축소·왜곡' 등이 들어간다고 했지? 뉴스의 개념에서 주로 쓰이는 오보는 한쪽으로 치우치거나 정확하지 않은 뉴스, 가짜뉴스 등이 들어 있는 넓은 개념이야. 특히 신문이나 방송처럼 언론에서 전한 뉴스나 해설 등에서 '잘못 알린 내용'을 말하지. 언론 기관에서 알린 내용이 아니면 '오보'라고 부르지 않아. 지라시나 헛소문 등은 '가짜뉴스'라고 부를 수 있어. 하지만 '오보'라고 부르지 않지. 이를 언론이 전하지 않았기 때문이야.

> 1. 도시에서 시골에 있는 학교로 전학한 초등학교 6학년 김 군. 그는 공부보다 스포츠를 더 좋아했다. 김 군은 학교 운동회의 100미터 달리기에서 언제나 1등을 했다. 반 친구들 사이에서 달리기를 잘하는 김 군의 어머니는 육상 국가 대표로 알려져 있었다. 사실 김 군의 아버지가 축구 선수 출신이었고 어머니는 평범한 가정주부였다.
> 2. 김 군이 전국 체전에 초등부 육상 지역 대표로 100미터 경기에 나갔다. 열심히 달린 결과는 은메달이었다. 일부 지역 신문사에서는 그가 금메달을 땄다는 기사를 내보냈다.

1번과 2번 가운데 무엇이 가짜뉴스이고 오보일까? 정답을 맞힐 수 있도록 힌트를 줄게. 언론이 사람들에게 소식을 전했는지 잘 따져 봐.

1번은 '가짜뉴스'야. 어머니와 아버지의 직업이 바뀌었고 선수인 아버지의 종목도 다르지. 그리고 언론에서 내보낸 적이 없어. 그저 사람끼리 나눈 '가짜뉴스'였을 뿐이야. 2번은 '오보'야. 언론사에서 은메달을 금메달로 잘못 내보낸 뉴스이지.

05 가짜뉴스는 왜 위험할까?

사람들은 페이스북이나 카카오톡, 트위터 등에 개인 정보나 이미지 등을 남겨 두곤 해. 그리고 모르는 다른 사람들과 사생활이나 정보를 나누기도 하지. 스마트폰과 빠른 인터넷 덕분에 언제든 마주할 수 있는 가짜뉴스는 잘못하면 사람들에게 어마어마한 피해를 가져와.

정보화 사회라고 하더라도 사생활은 우리 스스로 지켜야 해. 생각 이상으로 뉴스 전달이 빨라졌고 정보 공개가 쉬워졌거든. 지금부터 가짜뉴스가 우리에게 어떤 피해와 위험을 주는지 자세히 살펴보자.

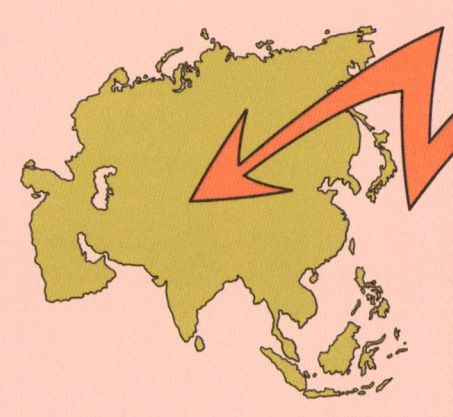

퍼져서 위험해

시간과 공간을 뛰어넘는 기술력이 갖춰진 오늘날에는 뉴스가 퍼지는 속도가 상상할 수 없을 만큼 빨라. 우리나라에서 멀리 떨어진 아프리카와 유럽 등에

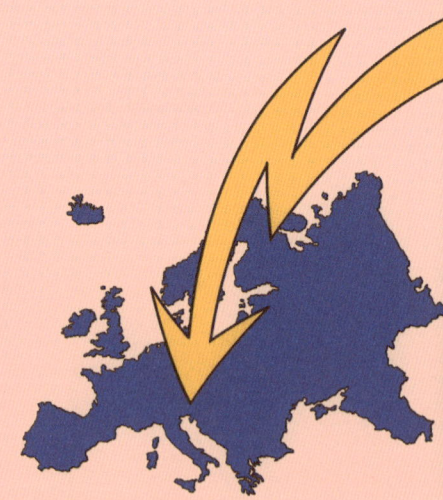

서 퍼진 작은 뉴스도 인터넷이나 유튜브로 금방 전해지잖아? 이렇게 전해진 뉴스에는 진실과 거짓에 경계가 없어. 그리고 거리와 상관없이 전해져서 많은 사람이 볼 수 있기도 해. 유익하고 진실한 뉴스라면 많은 사람에게 도움을 주겠지. 하지만 잘못된 내용을 담고 있는 가짜뉴스라면? 많은 사람에게 빠르게 퍼져 걷잡을 수 없는 사태가 벌어질 거야.

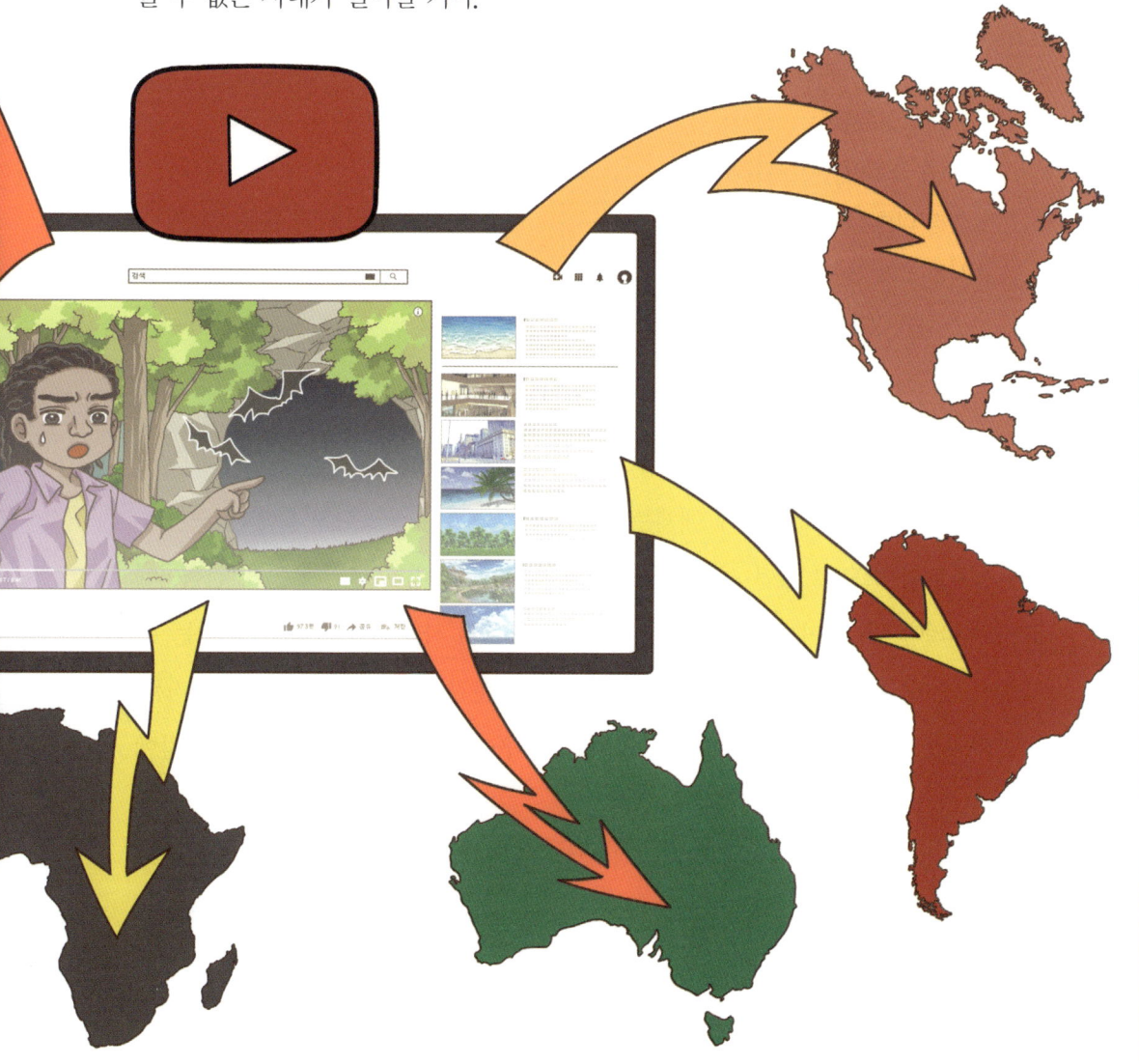

사생활이 위험해

> **인기 배우 K, 또 다른 인기 배우 J와 7년 열애 끝에 11월 결혼!**
>
> 사람들에게 많은 사랑을 받고 있는 두 연예인의 뉴스 하나가 공개되었다. 연예 매체까지 이 뉴스를 다루자 사람들의 믿음은 커졌다. 심각한 점은 당사자인 K와 J 배우 모두 자신들의 뉴스가 떠돌고 있는 줄 모르는 게 아닌가.
> "K, 너 결혼해?"
> "무슨 소리야? 나 결혼해?"
> 한창 다른 나라에서 촬영하고 있던 K는 친한 동료 배우와의 통화에서 들은 황당한 소식에 크게 놀랐다. 이 가운데 두 사람의 결혼 기사가 순식간에 퍼지며 K와 J 배우는 원치도 않게 실시간 검색어 1위에 오르는데……

두 인기 배우를 둘러싼 결혼 뉴스는 거짓이었어. 뉴스를 소개한 연예 매체도 물론 거짓이었지. 해당 연예 매체는 관련 내용을 쓰지 않았다고 확인해 줬거든. 당사자조차 모르고 있던 사실이 인터넷에 퍼지며 두 배우는 원치 않게 검색어에 오르내려야 했어. 이처럼 인터넷과 SNS는 사람들의 사생활을 지켜 주지 않는 '위험한 곳'이야. 누군가의 사생활을 글로 나누는 순간 많은 사람이 알아버리거든. 글이 진실이든 거짓이든 상관없이 말이야. 누구라도 자신의 생활이 다른 사람에게 드러나는 일은 피하고 싶지 않겠니?

유명한 이들의 사생활과 관련해서 정확하지 않은 뉴스를 올린 사람들은 대부분 일반인이야. 이들은 인터넷에서 정체를 숨긴 채 무슨 글이든 쓸 수 있어. 또

정의와 법의 테두리 바깥에서 움직이다 보니 자신과 관계없는 사람을 공격해도 찾기가 쉽지 않아.

명예가 위험해

우리나라 법은 사람 한 명, 한 명의 명예를 보호한다고 밝히고 있어. 가짜뉴스는 마땅히 지켜야 할 개인의 명예를 무시해 버려서 큰 문제를 일으키고 있어.

요즘에는 거짓된 사실을 바탕으로 상대를 비난하거나 함부로 욕하면 법으로 처벌하고 있어. 인터넷에서는 많은 뉴스가 사람들에게 드러나는 만큼 개인을 공격하기 쉬워. 스마트폰으로 뉴스 전달이 쉬워지다 보니 재미삼아 누군가의 명예와 관련한 글을 올려 문제가 생기지. 가짜뉴스를 재밋거리로만 보는 생각. 그리고 거기에 희생되는 사람들. 이 때문에 가짜뉴스는 더욱 주의해서 대해야 해.

편리한 인터넷 세상에서 예의를 지키거나 누군가를 존중하는 문화가 자리 잡기는 쉽지 않을 거야. 이 점을 기억하고 악성 댓글이나 비난을 무시하는 훈련과 지혜로운 대응법이 필요해.

회복이 힘들어

> 많은 사람에게 사랑을 받는 유명 방송인 A. 어느 날, 그가 좋지 않은 일들에 휘말렸다는 소문이 여기저기 퍼졌다. 소문뿐만이 아니었다. 실제로 그가 경찰에 조사를 받으러 가는 모습도 뉴스로 전해지고 있었다. 언론들은 대부분 소문과 추측, 일방적인 주장을 담은 뉴스를 사람들에게 전했다. 결국 그를 둘러싼 소문들은 부풀려진 채 퍼져 진실을 알 수 없게 되어 버렸다. 끝내 쌓아 왔던 평판이 무너진 그는 어떤 방송에서도 볼 수 없었는데…….

유명 방송인 A는 사실 피해자였어. 언론에서 나온 뉴스가 좋지 않은 소문의 주인공으로 A를 가리키며 괴롭혔거든. '방송인'은 사람들의 평판이 중요한 직업이야. 퍼져 버린 가짜뉴스로 피해를 받은 방송인은 나빠진 이미지를 회복할 수 없어. 뒤늦게 가짜뉴스를 만들어 퍼트린 당사자가 처벌을 받았어. 그럼에도 방송인이라는 직업을 잃은 A는 원래대로 돌아가지 못했지.

이렇게 걷잡을 수 없이 빠르게 퍼진 가짜뉴스의 문제는 여기서부터 시작이야. 진실이든 거짓이든 상관없이 피해자가 가짜뉴스에 입은 상처는 뒤늦게라도 회복하기가 힘들거든.

민주주의가 위험해

> 반에서 반장 후보로 나온 A와 B. 두 반장 후보는 저마다 특징이 있었다. 잘생기고 인기도 많지만 약자를 괴롭히는 A. 평범하지만 선생님이나 약자를 잘 돕는 B. 반에서는 전혀 다른 두 후보를 두고 반장 선거가 치러질 예정이다. 반 친구들은 A보다 B가 더 반장에 어울릴 것 같다고 생각하고 있었다. 그때 A 후보의 친구 G가 단톡방에 올린 글 하나가 선거의 결과를 정해 버린다.
> [후보 B 이번 반장 선거 때문에 일부러 애들 많은 곳에서 봉사 활동 한 거래!]
> 순식간에 퍼진 B에 관한 거짓 소문. 결국 다른 친구들이 이를 믿어 버리면서 후보 A가 반장이 되고 말았는데……

'여론'은 많은 사람의 의견이야. 민주주의 사회는 사람들이 참여하는 '여론 정치가 있는 사회'라고도 하지. 한 사람의 뜻에 따라서 움직이는 나라를 '독재 국가'

라고 해. 독재 국가에서는 언론을 손에 넣고 유리한 내용만을 알리려고 하지. 특정한 뉴스에 댓글을 꾸며서 달거나 근거 없이 거짓을 퍼트리는 행동은 잘못된 여론을 만들기도 해. 가짜뉴스는 이렇게 자유로운 민주주의를 위협하는 수단으로 쓰여서 굉장히 위험해.

06 거짓이 만드는 사진

요즘은 사진이나 영상도 거짓으로 만들어지는 세상이야. 좋든 나쁘든 만드는 사람의 '어떤 의도'가 담기지. 특히 포토샵과 같은 프로그램이 발달하면서 조작이나 합성이 아주 쉬워졌어. 지금부터 사진은 어떤 방법으로, 어떻게 조작하는지 잡지 《타임(TIME)》이 선정한 10대 사진 조작 사건을 통해 살펴볼 거야. 먼저 사진을 왜 조작하는지 그 이유를 여덟 가지로 정리했어.

사진을 조작하는 여덟 가지 이유

1. 원본 사진에서 '중요 사항'이나 '주요 인물'이 빠졌을 때
2. 원본 사진에서 '필요하지 않거나 필요없는 인물'이 들어가 있을 때
3. 실제보다 '부풀려야' 효과가 높을 때
4. '돈벌이'에 도움이 된다고 판단할 때
5. 누군가의 '권위나 이미지'를 망가트려야 할 때
6. 기자가 원하는 사진을 '구하기 힘들 때'
7. 진실을 감추거나 거짓으로 꾸며야 할 때
8. '종교·문화·관습적' 이유가 강하게 지배할 때

첫 번째는 남북 전쟁에서 북군 장교들이 모여 찍은 사진이야. 이 사진에 '없던 사람'을 나중에 넣었어. 오른쪽 사진에는 전쟁에서 크게 활약한 '블레어(Blair)' 장교가 감쪽같이 들어 있어. 없던 사람이 나타났으니 사진을 함께 찍은 사람들도 '유령인가?' 할 정도로 놀랐을 거야.

원본 사진

조작 사진

두 번째는 레닌의 연설 사진이야. 사진에 원래 있었던 '트로츠키와 카메네프'가 지워졌어. 이 사진을 조작한 사람은 스탈린이라고 해. 그는 레닌의 혁명 동지이자, 자신의 경쟁자로 알려진 두 사람을 싫어했다고 하지.

원본 사진

조작 사진

세 번째는 히틀러가 선전 영화를 만드는 감독 레니 리펜슈탈을 만난 모습을 찍은 사진이야. 이 사진에서는 원래 있던 괴벨스를 지웠어. 가장 아끼던 부하 괴벨스를 지운 사람은 히틀러라고 하지. 왜 지웠는지는 알려지지 않았어.

원본 사진

조작 사진

네 번째는 미국 대학생들이 베트남 전쟁에 반대해 시위하던 모습을 찍은 사진이야. 미국 방위군의 총에 맞고 쓰러진 대학생 옆에서 한 여학생이 울부짖고 있어. 그해 퓰리처상을 받았던 이 사진은 여학생의 머리 위로 보이는 폴대를 지웠어. 사진 구성이 좋지 않아 고민 끝에 지웠다고 해.

원본 사진

조작 사진

다섯 번째도 네 번째처럼 '불필요하다고 판단한 부분'을 의도적으로 지웠어. 횡단보도를 건너는 비틀스 멤버들의 원본 사진은 어땠을까? 사진의 왼쪽에서 두 번째 폴 매카트니의 손에 있는 담배가 적절하지 않다고 생각했나 봐. 손에 든 담배를 지워 버린 뒤 앨범에 아래쪽 사진을 실었거든.

원본 사진

조작 사진

여섯 번째와 일곱 번째는 요소들을 교묘하게 합쳐서 만든 사진 조작이야. 사진 속 모델의 몸통과 얼굴이 각각 다른 사람이거든. 유명 스타의 얼굴과 다른 사람의 몸을 합성해 실제로 없는 모델을 만들어 냈지. 이는 사람들의 주목도를 높여 잡지 판매를 높이려는 목적이 있어.

원본 사진　　　조작 사진　　　원본 사진　　　조작 사진

여덟 번째는 이란이 개발한 미사일의 발사 장면을 찍은 사진이야. 이 사진에는 '실제보다 부풀려 효과를 높이려는 목적'이 담겨 있지. 원본 사진에서는 발사되지 못한 미사일이 같이 찍혀 있어. 이와 달리 조작한 사진에서는 발사되지 않은 미사일 없이 역동적인 발사 장면을 잘 보여 주고 있어.

원본 사진　　　　　　　　조작 사진

115

아홉 번째는 북한의 김정일 위원장이 오랫동안 보이지 않아 근거 없는 이야기가 돌던 때 나온 사진이야. 이 사진은 '진실을 감추거나 거짓으로 꾸며야 할 때'의 목적으로 꾸며졌어. 사진의 아래를 자세히 보면 흰색 나무 단상 앞의 줄이 쭉 이어지다가 김정일 위원장 앞에서 사라졌어. 이에 전문가들은 포토샵 프로그램으로 사진을 조작했다고 진단했지.

조작 사진

조작 부분 확대 사진

열 번째는 종교 국가 이스라엘에서 찍힌 사진이야. '종교·문화·관습이 강하게

원본 사진

조작 사진

지배하는 사회'에서 사진 조작은 생각보다 빈번하게 나타나. 원본 사진에는 여성 장관이 두 명이 있었지만 조작 사진에는 여성이 남성으로 바뀌어 있어. 〈타임〉은 보수적인 유대교 사람들이 정부에서 여성이 일하는 것을 싫어하기 때문이라고 해석했어. 실제로 이 사진이 실린 신문도 보수적인 유대교 사람들이 많이 보는 신문이었거든.

〈타임〉이 고른 10대 사진 조작 사건이 아니더라도 사진들에는 다양한 조작이 있었어.

1945년 2월 23일, 2차 세계 대전을 치르던 미국은 일본과의 전투 끝에 이오지마섬을 되찾았어. 오른쪽 사진은 전투 중 성조기를 세우는 모습이 담겨 있어. 적

먼저 찍힌 사진

나중에 찍힌 사진

군의 공격이 이어지는 위험 속에서도 목숨을 걸고 성조기를 세우려는 군사들의 감동적인 모습을 담았지. 진실은 왼쪽이 전투 중 성조기를 세우는 모습을 찍은 사진이고 오른쪽이 전투가 끝난 뒤 더 큰 성조기로 바꾸려고 군사들이 달라붙은 모습을 찍은 사진이야. 한눈에 보기에도 오른쪽 사진이 더 감동적이지 않니? 기자가 보기에도 오른쪽 사진이 국민에게 감동과 자부심을 주기에 알맞다고 생각했나 봐. '전투 중 성조기를 거는 모습'이라는 설명을 오른쪽 사진과 함께 신문에 내보냈거든.

아래 사진에는 2003년 4월에 사람들이 사담 후세인의 동상을 무너트리는 모습이 찍혀 있어. 해방된 이라크 사람들이 미군의 도움을 받아 그토록 미워하던 독재자를 끌어내린 역사적인 장면이었지. 놀랍게도 사진 속의 상황은 연출된 사진이었어. 이라크 사람들을 불러모은 뒤 동상을 무너트리도록 미군이 상황을 꾸몄거든.

연출 사진

이렇게 만든 상황은 전 세계에 있는 기자들의 시선을 잡아끄는 데 성공했지.

영국 〈로이터〉는 2006년에 이스라엘의 공격을 받아 레바논의 수도 베이루트가 파괴된 사진과 함께 다급한 뉴스를 전했어. 그런데 오른쪽 사진은 왼쪽 사진보다 연기의 양이 더 많고 짙어 보이지? 오른쪽 사진은 연기의 양을 원본인 왼쪽 사진보다 더 많이, 더 검게 포토샵으로 꾸민 거야.

이 사진이 공개되자 미국 누리꾼 사이에서 "실제보다 연기가 많이 솟아오르도록 무언가 한 것 같다."라는 주장이 나왔어. 이에 〈로이터〉는 포토샵 조작 사실을 인정했지.

원본 사진

조작 사진

Fake News ▶

4 가짜뉴스에 휘둘리지 않는 법

1 똑똑한 비판적 사고력
2 진실한 뉴스를 보는 열 가지 원칙
3 사진을 보는 지혜로운 눈

싸움을 걸어온 쪽지의 진실은?

▶124쪽에서 확인

01 똑똑한 비판적 사고력

'비판적 사고' 또는 '논리적 사고'라는 말을 들어 봤니? 비판적 사고(Critical Thinking)는 가짜뉴스를 가릴 때 많은 도움을 줘. 이 사고 방법은 여러분이 보고 있는 뉴스나 상황을 여러 방향에서 바라보고 헤아리는 생각이야. 조금 어려운 말이지만 이렇게 정리해 보면 어떨까?

"비판적 사고란 어떤 일을 한 번 더 생각하고 한 번 더 따져 보고 한 번쯤 확인해 보는 태도이다."

자, 정리해 본 비판적 사고력을 기억하면서 다음 이야기를 살펴보자.

> K초등학교에서 '연예계 소식통'인 빅 마우스 C 군이 교실에 들어오면서 외쳤다.
> "다음 주에 인기 그룹 B 멤버 J가 우리 학교에 오기로 했대!"
> 이 말을 들은 반은 순식간에 시끌시끌해졌다. 친구들은 대부분 어떤 반응을 보일까?

① 빅 마우스 C 군의 말을 그대로 믿고 "와!" 하며 기뻐한다.
② "정말이야?" 하고 C 군에게 물어볼 생각은 하지만 일단 믿고 함께 기뻐한다.
③ 빅 마우스라 불리는 C 군이 전한 소식을 믿을까 말까 고민하며 반응을 잠

시 미룬다.

④ 빅 마우스 C 군이 어디서 그런 소식을 들었는지부터 묻고 그렇게 바쁜 B 그룹 멤버 J가 이 초등학교에 왜 오는지 이유를 알아본다.

여러분은 네 가지 반응 중에서 주로 어떻게 행동할까? 대부분 ①번이나 ②번이 많을 거야. 사실을 확인하기 전에 기쁜 소식에 흥분부터 하면서 말이지. '믿는 것'은 좋은 일이야. 다만 학교에서 유명하다는 '빅 마우스'의 말도 무조건 믿는 것은 위험할 수 있어.

③번과 ④번은 앞에서 이야기한 비판적 사고력에 가까운 반응이야. 더 정확히 말하자면 ④번이 비판적 사고력에 따른 행동이야. 왜 그런지 살펴볼게.

① 연예계 소식통이라고 하지만 개인인 '빅 마우스'라는 점에 일단 무조건 믿지 않았다.
② 'B 그룹 멤버 J의 K초등학교 방문'을 믿기 어렵다고 판단했다.
③ C 군의 정보가 어디에서 나왔는지의 중요성을 알고 먼저 물어보려고 했다.
④ 유명한 그가 왜 하필 K초등학교에 오려고 했는지 이유를 알아보려고 했다.

비판적 사고력은 간단한 정보나 뉴스도 요모조모 따져 보는 자세야. 또 한쪽으로 치우치지 않는 사고이기도 하지. 이 비판적 사고력은 어떻게 키울 수 있을까?

한 번 더 생각하기

어떤 뉴스를 무조건 믿는 친구들이 많을 거야. 확인할 시간이 없기도 하고 일일이 확인하기 귀찮으니 "맞겠지." 생각하고 넘어가기도 하지. "급할수록 돌아가라."라는 말 아니? 시간을 들여서 이모저모 따져야 진실에 다가갈 수 있어. 무작정 믿기 전에 잠깐 멈춰서 다시 한번 생각해 봐야 해. 다음 이야기에서 그 교훈을 알 수 있어.

> 대구에 있는 초등학교로 전학 온 5학년 김 군. 김 군은 수업이 끝나갈 때 한 친구에게 쪽지를 받았다. 쪽지에는 다음과 같은 글이 있었다.
> "오늘 한 판 붙어야겠으니 당장 화장실로 올 것!"
> 한 판 붙어 보자는 아이가 누구인지도 모른 채 화장실에 간 김 군. 가는 동안에도 쪽지를 보낸 아이와 왜 붙어야 하는지 알 수 없었다. 화장실에 도착하니 반에서 싸움깨나 한다는 박 군이 몸을 풀고 있는 게 아닌가! 그리고 김 군을 보고 무작정 달려드는 박 군. 그렇게 두 소년은 이유 없는 싸움을 벌이는데…….

쪽지를 받은 김 군이 잠깐 멈춰서 대체 누가, 왜 이런 쪽지를 보냈는지 한 번쯤 생각했다면 어땠을까? 이유 없이 다치지도, 구경거리가 되지도 않았겠지? 실제로 다른 친구들도 비슷한 쪽지를 받았지만 김 군과 다른 반응을 보였어.

"내가 왜?"

"난 싸우고 싶지 않아."

쪽지 내용을 그대로 믿지 않고 따져 봤다면 후회를 줄일 수 있었겠지? 의욕이

앞서서 "그냥 확인 없이 넘어가도 괜찮겠지." 또는 "난 할 수 있어. 그러니 괜찮을 거야."라는 생각이 앞서면 꼭 실수가 생겨. 물론 실패를 했더라도 이를 교훈 삼아 어떤 상황에서도 한 번 더 생각하는 습관을 길러야 해.

천천히 내용 확인하기

"돌다리도 두들겨 보고 건너라."라는 말을 들어 본 적 있니? 확실한 일이라도 더 신중해야 한다는 뜻이야. '잘 아는 내용이니까, 쉬운 일이니까, 친구가 그렇게 말했으니까'처럼 쉽게 생각하고 넘어간다면 나중에 큰 문제가 생길 수 있어. 어떤 뉴스에서 보고 싶었던 내용만 보거나 상대의 그럴듯한 말에 흔들리지 말아야 해. 여러분이 본 뉴스를 확인해 보려는 노력은 진실을 볼 수 있게 해 줄 거야.

경청하기

'경청'은 남의 말을 주의 깊게 잘 듣는 자세야. 의심스럽거나 분명하지 않은 설명을 다시 따져 보는 자세이기도 해. 경청에는 듣고 싶은 내용만 골라서 듣지 않는 태도, 나에게 조언해 주는 말은 주의 깊게 듣는 태도 등도 들어가 있지. 경청을 잘하면 상대가 하는 말이나 뉴스에서 '진실한 답'을 찾을 수 있어. 또 상대가 나를 어떤 태도로, 어떻게 설득하려는지 알 수 있어. 이 외에 상대의 진심 어린 태도도 알아볼 수 있게 해 줘.

설득에도 나쁜 쪽의 설득과 좋은 쪽의 설득이 있어. 나쁜 쪽의 설득은 남을 속이는 거짓이 대표적이야. 거짓이 섞인 설득은 제 뜻대로 다른 사람을 움직이려

고 듣기 좋은 말과 행동으로 접근하지. 누군가 또는 어떤 뉴스가 무작정 좋은 이야기만 하고 있지는 않은지, 내가 믿고 싶은 내용만 담아 이야기하는지 살펴봐. 내 찬성을 얻으려고 좋은 말만 하고 있다면 경계해야 해.

다른 각도에서 바라보기

유튜브에서 '사자와 인간의 우정'이라는 동영상이 한때 인기가 있었어. 짐승인 사자와 인간의 우정 어린 만남은 많은 사람에게 큰 감동을 줬거든. 다른 각도로 볼 때 사자와 인간은 친구가 될 수 있을까? 사자와 인간의 관계를 다르게 보면 조금 씁쓸할지도 몰라. 세계 곳곳에서 사자 사육사가 공격을 당해 크게 다치거나 목숨을 잃는 일이 실제로 벌어지고 있거든.

예외를 일반화하는 논리는 단순한 생각이야. 물론 틀렸다는 뜻이 아니야. 어떤 상황을 다른 시선에서 생각해 볼 필요가 있다는 뜻이지.

현실에서 사자와 사람은 친구가 되기 어려워. 인간과 맹수는 서로 이야기할

수 없어. 또 맹수는 갑작스럽게 행동할 수도 있지. 상식적으로도 사자 같은 맹수는 인간에게 여전히 위험해. 인간은 상대가 누구든 예측할 수 없게 행동하거나 위험한 상대와 친구가 될 수 없어. 우리가 아는 지식에서 친구는 서로의 믿음을 바탕으로 하기 때문이야.

근거를 들어 반대해 보기

어떤 뉴스나 생각을 한 번 더 따져 보고 제대로 된 이유를 들며 반대해 봐. 반대는 감정으로 해결하는 방법이 아니야. '근거'를 바탕으로 해야 해. 어떤 내용이나 주장에 여러분 스스로 왜 반대하는지 '분명한 근거'로 따지는 거야. 다음과 같은 주장을 예로 볼까?

> 주장 : 초등학생은 학원에 많이 다닐 필요가 없다.
> 근거 1. 지나친 공부는 스트레스를 줘서 건강을 해칠 수 있다.
> 근거 2. 학원이 아니어도 학교 선생님께 질문하거나 인터넷 강의를 들을 수 있다.
> 근거 3. 학원에 다니면, 더 알고 싶은 부분을 깊이 공부할 수 없다.

"학원에 많이 다닐 필요가 없다."라는 주장에 위와 같은 여러 근거가 있겠지? 이런 근거들과 함께 통계 자료, 실제 사례, 전문가 의견을 살펴보면 좋아. 물론 단 한 번으로 확실한 결과가 나오지는 않아. 인내하면서 꾸준히 오랜 기간을 들여 진심으로 다가가야 해.

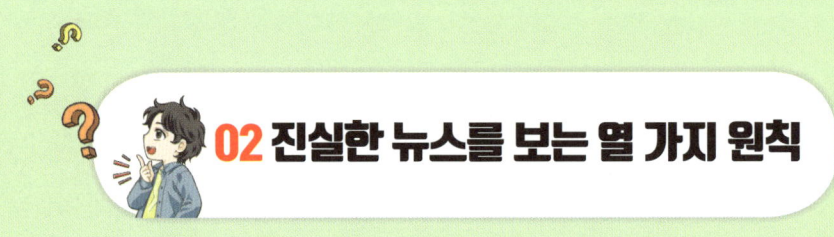

02 진실한 뉴스를 보는 열 가지 원칙

오늘날, 우리 사회에서 쏟아져 나오는 뉴스들 가운데 잘못되거나 거짓으로 만든 뉴스에 속지 않으려면 단순한 노력만으로는 부족해. 다음에서 소개하는 열 가지 원칙을 통해 필요한 지식이나 지혜를 얻었으면 좋겠어.

원칙 01. 언론이나 SNS 이름 확인하기

사람들은 여러 언론 매체에서 뉴스를 보고 정보를 얻어. 카카오톡이나 유튜브 등 SNS에서 찾거나 TV 또는 신문 등의 매체에서 찾기도 하지. 사람들이 어디에서 뉴스와 정보를 찾는가는 내용이 믿을 만한지와 이어져.

TV나 신문은 소식을 전하기 전에 '믿을 수 있는지, 확실한지'를 꼼꼼히 살펴서 신뢰도가 높아. 이와 달리 SNS는 많은 사람이 내용을 단순히 살펴볼 수 있도록만 되어 있어서 신뢰도가 낮지. 이로 인해 가짜뉴스는 주로 SNS에서 나타나. SNS만 본 사람들에게 그 뉴스를 어디서 봤느냐고 물어보면 제대로 말하지 못해. 따라서 뉴스가 나온 곳을 제대로 살펴보는 사람들은 가짜에 쉽게 속지 않아.

공영 방송 〈KBS〉나 〈MBC〉, 보도 전문 채널 〈YTN〉, 〈연합뉴스TV〉 등은 믿

ⓒKBS

ⓒMBC

음이 높은 편이야. 가짜뉴스라고 여기면 바르게 고쳐서 진실하게 알리려고 노력하거든. 외국에서는 어떨까?

〈BBC〉, 〈CNN〉, 〈AP〉, 〈AFP〉, 〈로이터〉, 〈뉴욕타임스〉 등의 유명 언론사는 그 자체만으로 신뢰를 상징해. 그런데 요즘 가짜뉴스에는 이들의 로고나 기자 이름까지 가져다 붙여서 신중하게 확인해야 하지.

오늘날에는 여러 정보를 유튜브에서 얻는 사람들도 많아졌어. 개인 방송이 많은 유튜브는 부가 통신 사업자(통신 사업자에게 선을 빌려 각종 서비스를 더해 사람들에게 제공하는 사업자)에 들어가기 때문에 엄격한 방송법의 통제를 받지 않아. 따라서 여러분이 보고 믿는 정보나 뉴스를 전하는 곳이 믿을 만한지 이름을 꼭 확인하도록 해.

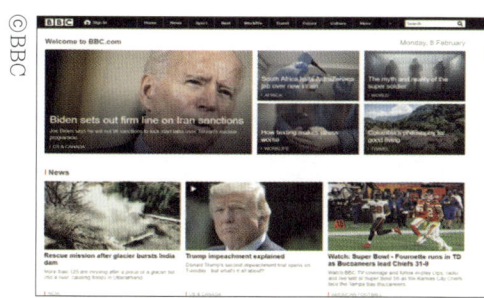
ⓒBBC

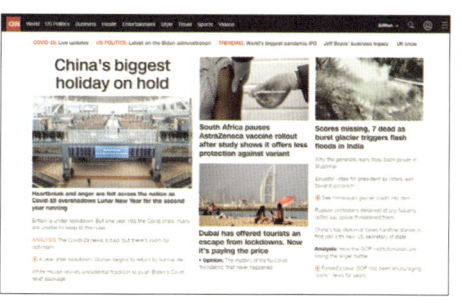
ⓒCNN

원칙 02. 누가 썼는지 이름 확인하기

　모든 뉴스에는 앞이나 뒤에 기사를 쓴 사람의 이름이 있어. 어떤 뉴스에는 이름이 없기도 하지. 이런 뉴스는 믿지 말아야 해. 작성자 이름 대신에 (연합) (AP) 등의 언론사 이름이 대신 들어간 뉴스는 괜찮아. 다만 언론사의 이름이나 로고를 꾸며서 내보내기도 하니 경계해야 해.

　사람들은 뉴스를 처음 접할 때 무엇을 실수할까? 누가, 어떤 내용을, 왜 올렸는지 따지지도 않고 무작정 믿는 점이야. 이런 '묻지 마 이용자'들은 가짜뉴스에 휘둘리기 쉬워. 자신이 보고 믿는 뉴스를 전달하는 사람의 이름은 언론사의 이름만큼이나 꼭 확인해야 해.

원칙 03. 사실 확인 코너 확인하기

앞으로도 가짜뉴스는 인터넷이 있는 한 사라지지 않을 거야. 수많은 뉴스를 알리는 언론사는 '사실 확인(Fact Check) 코너'를 만들어야 해. 사람들에게 전할 뉴스들의 사실을 꼼꼼히 확인해서 올바르게 전해야 하거든. 문제는 사실 확인 코너를 두려면 많은 인력과 투자가 필요해서 쉽지 않다는 점이야. 보다 책임감 있고 정확하게 뉴스를 전달하려면 단독이나 공동으로라도 사실 확인 코너를 두었는지 확인해야 해. 사실 확인 코너는 얼마나 정확한 내용인지 알려 주는 기준이거든. 〈KBS〉, 〈JTBC〉, 〈MBC〉 등의 방송사는 사실 확인 코너를 두고 있어. 이는 시청자들이 정확한 뉴스를 빠르게 볼 수 있도록 하기 위해서야.

원칙 04. 제목과 내용이 일치하는지 살펴보기

모든 뉴스의 제목은 부풀려지기 쉬워. 제목만 슬쩍 보고도 어떤 내용인지 궁금증을 일으킬 수 있도록 하거든. 하지만 여러분의 짐작과 완전히 다른 내용일 수 있으니 제목과 함께 내용을 꼼꼼하게 살펴봐야 해.

오늘날에는 워낙 바쁘다 보니 뉴스의 내용을 다 보지 않고 '제목'만 읽는 사람이 많아. 잘못된 제목은 여러분이 잘못된 판단을 내리게 할 수도 있어. 요즘은 거짓으로 만들어진 가짜뉴스를 신문사에서 잘못 퍼트리기도 해. 따라서 인터넷에 나타나는 제목만 보고 내용을 함부로 판단해서는 안 돼. 이 밖에도 내용을 이루는 문장이 논리적인지를 따져 봐야 해. 앞뒤가 맞지 않거나 원인과 결과가 매끄럽지 않으면 제대로 된 뉴스라고 볼 수 없어. 확인 없이 여기저기에서 모아 온 글을 붙여서 썼다고 생각할 수 있거든.

사람들에게 전하는 뉴스는 '논리적'이어야 해. 앞뒤가 매끄럽고 원인과 결과가 분명해야 정확한 정보이지. 다음을 살펴볼까?

> 결과 : 그는 음식을 잘 먹는다.
> 원인 1 : 그는 배가 고팠다.
> 원인 2 : 입맛이 좋았다.

그가 음식을 잘 먹는다는 결과에서 원인은 두 가지야. 결과는 하나이지만 원인에는 여러 가지가 있을 수 있지. 제대로 된 원인과 결과는 사람들에게 설득력을 줘. 다음 문장과 맞는 매끄러운 원인을 찾아볼까?

> 결과 : 그는 그림을 잘 그린다.

① 엊그제 그는 전시회에서 유명 화가의 그림을 봤다.
② 어제 그는 태어나서 처음으로 그림을 그려 봤다.
③ 그는 혼자 있을 때면 늘 낙서하거나 그림을 그리며 놀았다.

①번 문장은 결과와 맞지 않지? ②번 문장은 어제 처음으로 그림을 그려 봤다는 경험을 말하고 있으니 매끄럽지 않아. ③번 문장은 어릴 때부터 습관처럼 그리기를 했으니 그림을 잘 그린다는 결과가 나올 수 있어. 자, 이렇게 글에서 원인과 결과가 매끄러운지를 살펴보면 꾸며진 내용인지 아닌지 알 수 있어.

원칙 05. 비교해서 읽기

비교해서 읽기는 과학이나 의학처럼 전문적인 분야를 다루는 뉴스에서 특히 중요해. 전 세계적으로 유행한 바이러스 감염병에 많은 사람이 공포에 떨었어. 그때 다양한 뉴스가 SNS를 통해 빠르게 퍼졌지.

"소금물을 뿌리면 소독제가 된다!"

"마늘을 다진 뒤 끓여 하루에 두 번씩 일주일을 마시면 예방할 수 있다!"

이런 근거 없는 뉴스에 "어떤 전문가가 이야기하더라."라는 말이 곁들여지면서 사람들을 더욱 혼란스럽게 했어.

전문 분야 뉴스를 두고 무엇이 진실인지 애매할 때, 전문가들의 의견이 다를 때 영국의 〈BBC〉는 전문가 세 명의 일치된 의견에 따르라고 교육하고 있어. 정보를 비교할 때는 어떤 내용이 어떻게, 얼마나 다른지 또 전문가들의 의견 일치는 어떤지 등을 따져야 해. 이런 판단을 내리려면 단 하나의 뉴스나 언론만 봐서는 안 되겠지? 여러 언론과 뉴스를 두루 살피고 비교하는 일. 이 비교 역시 진실과 거짓을 구별하는 데 도움을 줘.

원칙 06. 취재원 확인하기

모든 뉴스에는 '취재원'이 있어. '취재원(News Source)'은 정보나 뉴스를 주는 사람이나 관련 서류, 기관 등을 뜻해.

> SNS에서 퍼진 "고액 알바를 모집한다."라는 광고 하나. 이는 사람들을 끌어들이려 감쪽같이 만들어진 거짓 광고였다. 문제는 누군가 이 광고를 이용해 다른 사람들의 소중한 개인 정보를 얻고 있다는 점이었다. 오늘 서울지방경찰청에서 이 광고를 만들어 퍼트린 A를 붙잡았다고 발표했다.

이 글에서 취재원은 뭘까?

언론은 "서울지방경찰청에서 A를 붙잡았다."라고 발표한 내용을 보도했어. 여기에서 취재원은 '서울지방경찰청'이야. 분명한 기관에서 언론을 통해 발표한 이 뉴스는 믿을 수 있어. 이처럼 취재원이 확실할 때 나온 뉴스 역시 믿을 수 있겠지. 반대로 취재원이 확실하지 않거나 알 수 없다면 의심해야 해. 다음 예를 함께 볼까?

> 런던에서 사라진 여고생 송 양이 무장 단체에 끌려간 것 같다고 영국 경찰 소식통이 전했다.

"사라진 여고생이 무장 단체에 끌려간 것 같다."라는 주장의 근거는 '영국 경찰 소식통'이야. 소식통은 '어떤 일의 사정을 아는 사람'이라고 정의해. 하지만 정말 경찰인지, 경찰과 친한 사람인지 분명하지 않지. 누구인지 알 수 없는 사람의 주장이 들어간 이 뉴스는 믿기 힘들어. 이처럼 취재원의 신뢰도와 투명성, 권위는 진실과 거짓을 구별하는 중요한 기준이야.

원칙 07. 언론 전문지 찾아보기

주요 뉴스를 언제 어디서든 꼼꼼히 살펴보는 습관은 중요해. 이것 외에도 잘못된 뉴스 등을 바로잡는 언론 전문지도 함께 보면 좋아. 일반 언론에서는 잘못 전달한 가짜뉴스 등을 제대로 다루지 않기도 해. 언론 전문지는 이를 자세하게 다루어 줘. 무엇을, 어떻게 잘못 알렸는지 알 수 있게 도와주지.

대표적으로 신문과 방송을 주의 깊게 살펴보는 〈미디어오늘〉, 〈PD저널〉, 〈미디어스〉, 〈고발뉴스〉, 〈기자협회보〉 등을 언론 전문지로 추천할 수 있어.

원칙 08. 서술어에 집중하기

뉴스를 볼 때 '서술어'도 잘 살펴야 해. 문장 끝에 있는 서술어는 신뢰도와 이어지거든.

> ① 임금님 귀는 당나귀 귀라고 전해졌습니다.
> ② 임금님 귀는 당나귀 귀라는 소문이 돕니다.
> ③ 임금님 귀는 당나귀 귀로 추정되고 있습니다.

①번 문장에서 서술어는 "전해졌습니다."야. "전해졌다."라는 서술어는 "반만 믿어."라는 뜻이야. ②번 문장에서 서술어는 "돕니다."인데 "소문은 함부로 믿지 말라."라는 뜻이야. ③번 문장에서의 서술어 "추정되고 있습니다." 역시 "확실하지 않으니 함부로 믿지 말라."라는 뜻이 있지.

① 임금님 귀는 '당나귀 귀'라고 **하인**이 말했습니다.
② 임금님 귀는 '당나귀 귀'라고 **임금님의 주치의**가 오늘 발표했습니다.
③ 임금님 귀는 '당나귀 귀'라고 **국립과학수사연구소**에서 확인했습니다.

①번 문장은 '하인'이라는 취재원이 얼마나 믿을 만한지 따져야 해. 서술어 "말했습니다."는 신뢰성이 높지. 적어도 임금을 가까이에서 모시는 하인이 한 말이니 어느 정도 믿을 수 있겠지? ②번 문장에서 서술어인 "발표했다."는 보다 확실한 표현이야. 임금을 직접 돌보는 의사가 한 말이라면 사실일 가능성이 높은 셈이지. ③번 문장에서 서술어는 "확인했습니다."야. "확인했다."라는 말은 신뢰도를 가장 높여 주는 말로 "믿어도 된다."라는 뜻이야. 게다가 '국립과학수사연구소'라는 분명한 기관이 취재원이니 더 믿음이 가지?

원칙 09. 수식어 사용에 유의하기

진실한 내용을 담은 뉴스는 형용사나 부사와 같은 수식어가 많지 않아. 이와 달리 가짜뉴스일수록 진실하게 보이려고 여러 수식어를 쓰곤 해. 이를테면 '아주·진짜로·매우·꼭·대단히·믿을 만한' 등처럼 화려한 말들을 넣어서 말이야. 이도 부족하여 '~들끼리만 비밀스럽게 사용하는……' '고액이지만 유명 연예인들이 ~에서 자주 사용하는……' 등으로 부풀리기도 해.

- 깜놀! 충격!
- 이럴 수가! 보고도 믿기지 않아!
- 완전 대박!

여러분이 인터넷에서 자주 보는 말이지? 이런 말이 들어간 제목은 이용자들을 끌어들이는 문구의 좋은 예야. 여기에 사진까지 거짓으로 꾸미면 여기저기에서 클릭하기 좋은 정보나 뉴스가 되는 거야.

광고도 예외는 아니야. "아이에게 이 약을 먹이세요. 180센티미터 이상까지 자랄 수 있도록 보장해 드립니다."라고 수식어가 들어간 광고가 있다고 하자. 아이의 작은 키가 고민인 부모는 "혹시나." 하는 마음에 약을 사는 거야.

사람들은 이런 화려한 수식어가 있는 말이나 거짓말에 쉽게 넘어가곤 해. 화려하지 않은 진실은 단순하고 밋밋하다는 특징이 있어. 따라서 자극적인 내용에 익숙해진 사람들에게 당연히 주목을 받지 못해.

원칙 10. '일방적'이거나 '미워하는 감정'에 주목하기

가짜뉴스는 '일방적'이라는 특징이 있어. 상대의 입장이나 주장을 듣거나 받아들이려 하지 않아. 어떤 가짜뉴스에는 미워하는 감정도 들어가 있어. 일방적인 주장과 혐오는 공정한 보도, 정확한 뉴스를 전하지 못하게 해. 내용이 한쪽에 치우치거나 특정 대상을 가리켜 싫어하는 감정이 들어 있다면 곰곰이 생각해 봐.

- 해외로 입양된 아이들이 최근 불행하게 살고 있는 것으로 밝혀졌다.
- 양부모는 입양한 아이들을 잔인하게 때리고 못살게 구는 것으로 알려졌다.

해외 입양이 좋은지 나쁜지 판단하기 전에 먼저 상황을 정확하게 바라봐야 해. 한국 아이를 해외로 데려가려면 아주 까다로운 과정을 거쳐야 하거든. 먼저 경제적으로 안정적인지, 아이와 함께 살 곳에 방을 둘 만한 여유 공간이 있는지 등을 실제로 꼼꼼하게 조사해. 특히 직장에서나, 사는 지역에서 부모가 될 사람들이 누구인지 조사해서 쉽게 입양할 수 없다는 점이야.

장애가 있는 아이를 입양한 양부모들이 사랑으로 키우는 이야기도 많아. 이런 사례는 학대 사례보다 훨씬 알려지지 않았어. 실제로 조사해 보니 해외 입양에서 학대 사례는 없지 않았지만 아주 드물었어. 대부분 훌륭한 양부모들이 한국 아이들을 데려와 사랑으로 보듬었지. 알아보지 않은 채 비난하기는 쉬워. 따라서 어떤 뉴스를 마주했을 때 언제나 양쪽을 모두 살펴보려는 노력이 있어야 해.

뉴스가 광고와 다른 점은 "일방적이지 않다."라는 점이야. 광고는 많은 사람에게 '상품의 좋은 점'만 두드러지도록 부풀리거든.

정확한 뉴스는 장단점이나 보는 사람의 입장 등을 따져서 치우치지 않게 알려 줘. 똑똑하게 언론을 보는 사람은 자신이 즐겨 보는 SNS의 정보가 일방적인지, 미움을 불러일으키는지 확실하게 따져 보지. 이런 분석력은 앞으로 더욱 중요해질 거야.

자, 그렇다면 우리가 자주 보는 광고는 어떨까? 광고를 보면 상품을 사고 싶도록 좋은 점만 나와 있잖아? 다음을 살펴보자.

> 초등학교 6학년 이 양은 TV 아나운서가 되기 위해 신문방송학과에 가고 싶었다. 이 양이 알아본 신문방송학과 정보는 어떻게 나올까?

신문방송학과를 다룬 정보에서는 아나운서와 기자, PD를 꿈꾸는 사람들이 선택하는 대학의 전공 학과라고 소개해. 그런데 이 학과를 전공하고 졸업한 모두가 바로 언론 관련 직업을 갖지는 않아. 대학교에서 충분히 공부하고 여러 시험을 거쳐야 언론계 직업을 가질 수 있지. 이렇게 자세한 내용이 있어야 정보라고 할 수 있어. 신문방송학과를 알리는 광고는 매우 비슷해. 대부분 이런 식으로 정리하고 있어.

> "여러분, 아나운서가 되고 싶습니까? 그러면 ○○대학교 신문방송학과로 오십시오. 저희가 여러분을 멋진 아나운서, 기자로 만들어 드리겠습니다."

광고에서는 이렇게 좋은 점만 두드러지게 하고 있지? 꼭 알아야 할 점은 절대로 알려 주지 않고 있어. 시계 광고라면 "이 시계를 차는 순간 당신의 품격이 달라집니다."와 같은 내용을 담아서 사람들의 시선을 끌어들이는 거야.

03 사진을 보는 지혜로운 눈

거짓으로 꾸며진 사진에는 의도에 맞추어 상황을 만들거나, 사진에 찍힌 요소를 꾸미거나, 사진 아래에 들어간 설명을 꾸며 넣는 유형들이 대표적이야.

'연출'은 찍힌 상황을 만들어서 촬영하는 거야. 다음 사진을 봐.

2005년, 이라크의 한 무장 단체에서 미군 한 명을 사로잡았다며 다음과 같은 사진을 공개했어. 그리고 이라크 포로를 풀어 주지 않으면 잡은 미군을 살려 두지 않겠다고 했지. 미국을 들썩이게 한 이 사진은 무장 단체에서 연출한 사진이었어.

미군 포로가 사실은 장난감 인형?

143

포로처럼 보이는 군사는 미국의 장난감 회사 한 곳이 팔고 있는 인형이었어. 즉, 장난감 인형을 포로처럼 보이도록 총으로 위협하는 상황을 꾸몄던 거지.

'조작'은 사진에 찍힌 요소를 다른 것으로 바꾸거나, 보태거나, 지우는 행동들이야.

다음 사진도 의도를 위해 어떤 요소를 지워 조작한 예를 보여 주고 있어.

사진에서 말을 타고 있는 주인공은 이탈리아의 독재자 베니토 무솔리니야. 그는 사람들에게 자신의 강한 모습을 보여 주고 싶어 했어. 칼을 높이 쳐들고 당당히 말을 타고 있는데 옆에서 누군가 잡아 주고 있는 모습은 약해 보인다고 생각했던 모양이야. 오른쪽 사진처럼 고삐를 잡아 주는 사람을 없앴지.

원본 사진

조작 사진

'사진 설명 조작'은 사진을 설명하는 말이 거짓이거나 부풀려진 경우야. 때때로 이런 행동들이 사진 하나에 한꺼번에 나타나거나 각각 벌어져서 소동이 벌어지기도 해.

포토샵 기술이 뛰어나고 조작과 합성이 감쪽같이 이루어지는 오늘날, 사진에서 거짓을 알아보기는 힘들어졌어. 지금부터 완벽하지 않아도 꾸며진 사진을 봤을 때 "진짜일까?" 따져 볼 수 있도록 생각해 보는 기본 지식을 여덟 가지로 나누어 소개하려고 해.

가짜뉴스를 따져 보는 법	꾸며진 사진을 따져 보는 법
언론이나 SNS 이름 확인하기	사진 출처 확인하기
누가 썼는지 이름 확인하기	사진 기자(또는 사진 작가) 확인하기
사실 확인 코너 확인하기	촬영 시기 확인하기
제목과 내용이 일치하는지 살펴보기	사진 캡션 살펴보기
비교해서 읽기	사진도 거짓말한다고 생각하기
취재원 확인하기	선입견(또는 편견)에서 벗어나기
언론 전문지 찾아보기	합리적으로 따져 보기
서술어에 집중하기	특종 욕심 경계하기
수식어 사용에 유의하기	
미워하는 감정에 주목하기	

첫째, 사진에 있는 출처를 확인해.

사진이 진짜인지 가짜인지 살펴볼 때도 '정보원'은 정말 중요해. 이 사진이 진짜라고 믿기 전에 내보낸 언론사 이름이나 출처를 반드시 확인하자. 꾸며진 사진은 남의 사진을 허락 없이 가져와 조작한 뒤 출처를 제대로 밝히지 않아.

둘째, 사진 기자(또는 사진 작가)를 확인해.

'하나의 뉴스'라고 할 수 있는 사진은 찍은 사진 기자나 작가의 이름이 나와 있어. 사진에 기자나 작가의 이름이 없다면 의심해 보자. 가끔 이름 대신 회사의 이름을 올리기도 해. 이를테면 '사진 출처 = 〈연합뉴스〉 또는 〈AP통신사〉'처럼 말이야.

셋째, 촬영 시기를 확인해.

시점을 바꿔서 옛날 뉴스를 전하는 가짜뉴스처럼 옛날에 찍어 둔 사진을 쓰기도 해. 문제는 찍은 시점을 바꾸면 알 수가 없어. 2012년에 유명 신문사가 해운대 태풍 사진을 실은 적이 있었어. 어마어마한 파도가 몰아치는 실감 나는 사진이었지. 그런데 부산에서 그렇게 큰 파도가 올 만한 태풍이 아니라는 의견이 있었어. 알고 보니 그 사진은 2009년에 다른 태풍이 왔을 때 해운대에서 찍은 사진이었어. 물론 사진은 조작하지 않았지만 찍힌 시점을 감춰 뉴스를 전한 셈이야.

넷째, 사진 캡션을 살펴봐.

캡션(사진이 무슨 내용인지를 알려 주는 짧은 글)은 사진이 무슨 상황인지를 설명해 줘. 캡션과 사진 내용이 찍은 시기나 장소 등과 들어맞는지 따져 보자. 언론에서는 사진 기자가 사진을 찍고 다른 사람이 캡션을 정리하여 올리기도 하거든. 따라서 사진을 거짓으로 꾸민다면 캡션도 당연히 거짓으로 꾸며 쓰겠지?

다섯째, 사진도 거짓말한다는 사실을 기억해.

옛날에는 "사진은 거짓말하지 않는다."라는 말이 사람들에게 널리 알려져 있었어. 요즘에는 뉴스는 물론 공모전에서 상을 받은 사진도 조작되기도 해. 포토샵 기술이 발전하면서 조작과 합성 기술도 사람들의 생각을 뛰어넘을 만큼 발전했어. 눈으로 사진을 보고도 믿지 못하는 시대가 온 거야. 서로 다른 두 사람의 몸과 얼굴을 합치는 일은 기본에, 배경이나 요소의 색도 그럴듯하게 바꾸는 일이 자주 일어나고 있어. 이제 "사진은 거짓말할 수 있다."로 생각이 바뀌어야 하는 만큼 사진을 바라보는 여러분의 시선과 판단도 신중해야 해.

여섯째, 선입견(또는 편견)에서 벗어나야 해.

선입견은 어떤 대상을 두고 마음속에 갖고 있는, 바뀌지 않는 생각이야. 선입견에서 벗어나려는 행동은 사진이 거짓으로 꾸며졌는지 구별하는 데 정말 중요해. 한번 자리 잡힌 선입견은 다른 정보나 근거를 댄 반대 의견이나 자료에 부정적인 모습을 보이거든.

일곱째, 합리적으로 따져 봐.

오랫동안 병으로 누워 있던 사람이나 한동안 나타나지 않던 사람이 갑자기 사진에서 모습을 드러낸다면? 이럴 때 갖는 합리적 의심은 절대 잘못이 아니야. 진실을 알려는 올바른 행동이지.

여덟째, 기자는 특종에 욕심 부리지 말아야 해.

사진 기자들은 사진을 한 장 찍기 위해 목숨을 걸기도 해. 직접 가지 않으면 생생한 현장을 찍을 수 없거든. 이를테면 전쟁에서 포탄이 터지는 장면은 찍기가 쉽지 않아. 이 탓에 전쟁이 터진 나라에서 이미 찍힌 사진을 직접 찍은 사진처럼 꾸미기도 하지.

목숨까지 바치며 현장을 찍은 사진을 내보내는 기자가 있는가 하면 조작 유혹에 빠져 찍은 것처럼 꾸민 사진을 내보내는 기자도 있어. 기자라면 특종 이상으로 많은 사람이 알아야 할 '진실'이 얼마나 중요한지 마음에 새기고 있어야 해.

사진 출처

- 20쪽   https://www.gettyimages.com
- 34쪽   https://www.boomlive.in
- 38쪽   https://worldnewsdailyreport.com
- 39쪽   https://ko.wikipedia.org
- 40쪽   https://www.gettyimages.com
- 65쪽   https://www.gettyimages.com
- 67쪽   https://ko.wikipedia.org
- 75쪽   https://ko.wikipedia.org
- 79쪽   https://www.gettyimages.com
- 92쪽   https://www.youtube.com/user/BuzzFeedVideo
- 112~116쪽   https://time.com
- 117쪽   https://ko.wikipedia.org
- 118쪽   https://www.gettyimages.com
- 119쪽   https://www.reuters.com
- 131쪽   http://www.kbs.co.kr
- 131쪽   http://www.imbc.com
- 131쪽   https://www.bbc.co.uk
- 131쪽   https://edition.cnn.com
- 133쪽   http://www.kbs.co.kr
- 133쪽   https://jtbc.joins.com
- 144쪽   https://ko.wikipedia.org